Trekking Monte Baldo

Band 8

OutdoorHandbuch

Nicola Boll

Kochen 1
aus Rucksack und Packtasche

BASISWISSEN FÜR DRAUSSEN

Kochen 1

Updates   Verlagsprogramm   Schnäppchen
www.conrad-stein-verlag.de

Alle Informationen, schriftlich und zeichnerisch, wurden nach bestem Wissen zusammengestellt und überprüft. Sie waren korrekt zum Zeitpunkt der Recherche. Eine Garantie für den Inhalt, z.B. die immerwährende Richtigkeit von Preisen, Adressen, Telefon- und Faxnummern sowie Internet-Adressen, Zeit- und sonstigen Angaben, kann naturgemäß von Verlag und Autor - auch im Sinne der Produkthaftung - nicht übernommen werden.

Der Autor und der Verlag sind für Lesertipps und Verbesserungen (besonders als E-Mail) unter Angabe der Auflagen- und Seitennummer dankbar.

Dieses OutdoorHandbuch hat 123 Seiten mit 37 farbigen Abbildungen sowie 18 farbigen Illustrationen. Es wurde auf chlorfrei gebleichtem Papier gedruckt, in Deutschland klima-neutral hergestellt und transportiert (die Zertifikatnummer finden Sie auf unserer Internetseite) und wegen der größeren Strapazierfähigkeit mit PUR-Kleber gebunden.

OutdoorHandbuch aus der Reihe "Basiswissen für draußen", Band 8

ISBN 978-3-86686-008-7   5. Auflage

© BASISWISSEN FÜR DRAUSSEN, DER WEG IST DAS ZIEL und FERNWEHSCHMÖKER sind
urheberrechtlich geschützte Reihennamen für Bücher des Conrad Stein Verlags

Dieses OutdoorHandbuch wurde konzipiert und redaktionell erstellt vom
Conrad Stein Verlag GmbH, Postfach 1233, 59512 Welver,
Kiefernstraße 6, 59514 Welver, ☎ 0 23 84/96 39 12,
FAX 0 23 84/96 39 13, ✍ info@conrad-stein-verlag.de,
🖥 www.conrad-stein-verlag.de.

Unsere Bücher sind überall im wohl sortierten Buchhandel und in cleveren
Outdoorshops in Deutschland, Österreich und der Schweiz erhältlich.
Auslieferung für den Buchhandel:

D	Prolit, Fernwald und alle Barsortimente
A	freytag & berndt, Wien
CH	AVA-buch 2000, Affoltern und Schweizer Buchzentrum
I	Leimgruber A & Co. OHG/snc, Kaltern
BENELUX	Willems Adventure, LT Maasdijk
E	mapiberia f&b, Ávila

Text und Fotos: Nicola Boll
Lektorat: Marie-Luise Großelohmann
Illustrationen: Jane Dastig
Layout: Jane & Manuela Dastig
Gesamtherstellung: AZ Druck und Datentechnik GmbH, Kempten

Inhalt

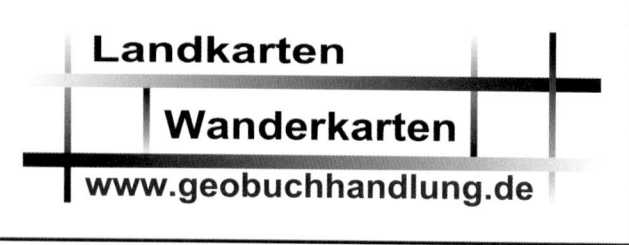

Über die Autorin

Nicola Boll, wohnhaft im Outdoor begeisterten Bayern, Wanderführerin auf Spitzbergen, Mutter zweier aktiver Kinder, hat viele Tage ihres bisherigen Lebens in Wanderstiefeln, auf dem Fahrradsattel und im Kanu verbracht. Aus ihrem reichen Erfahrungsschatz hat sie für alle Selbstversorger fern ab der Zivilisation ihre Erfahrungen niedergeschrieben.

Nicola Boll beim Kochen an der Ammer

Symbole

 Achtung!   Buchtipp

 Homepage   Tipp

Vor der Tour - ein paar Überlegungen

Wer sich mutig für einige Zeit von den sicheren Nachschublinien der Lebensmittelgeschäfte entfernen will, muss sich zunächst einige grundsätzliche Fragen zu seiner Nahrungsversorgung stellen. Entsprechend mehr oder weniger "spartanisch" werden seine Mahlzeiten ausfallen.

▷ **Wie lange wird man unterwegs sein?**

Klar, dass man für ein verlängertes Wochenende andere Sachen einpacken kann als für eine mehrwöchige Rucksacktour. Kann man unterwegs "auftanken"?

Damit tut sich gleich die zweite elementare Frage auf:

▷ **Welche Transportmöglichkeiten hat man?**

Ist man per Auto oder Kanadier unterwegs, spielen Gewicht und Platz keine große Rolle. Man kann gut auch ein paar Konserven einpacken.

Im Kajak oder in den Fahrradtaschen dagegen kann der Platz schon ein Problem werden.

Und im Rucksack schließlich drückt jedes Gramm schwer auf den Rücken. Man wird sich auf getrocknete Nahrung beschränken müssen.

▷ **Wie groß wird die körperliche Anstrengung sein?**

Ist eine gemütliche Wanderung geplant oder eine anstrengende Bergtour? Der Energiebedarf kann um ein Vielfaches höher sein als im "normalen Alltag". Wer das nicht mit einberechnet, wird stets hungrig und "knurrig" sein.

Auch das Klima sollte man in seine Überlegungen einbeziehen.

▷ **Welche Temperaturen sind zu erwarten?**

Geht es darum, sich in einer abgelegenen Bucht am Mittelmeer zu versorgen (Käse oder Schokolade ungeeignet), oder ist man in den Regionen des ewigen Schnees oder gar im Winter unterwegs? Die Kälte zehrt enorm, man kann auch bei leichter körperlicher Anstrengung mit einem drei- bis vierfach höheren Energiebedarf als im Alltag rechnen.

Und ganz wichtig:
▷   **Wird man unterwegs Trinkwasser finden?**
Oder muss man das auch mitnehmen? 1,5-2 Liter Flüssigkeit pro Tag ist Minimum, bei Anstrengung, Wärme oder Kälte braucht man ein Vielfaches.

Als Faustregel gilt:
▷   Je länger eine Tour werden soll, desto mehr wird man auf getrocknete Nahrungsmittel angewiesen sein. Frische Lebensmittel, wie Obst und Gemüse oder Fleisch, enthalten viel Wasser, sie sind schwer und nur begrenzt haltbar. (Man muss allerdings nicht immer gleich auf die teure Bergsteiger-Nahrung ausweichen, ☞ Einkauf).

Freiraum für persönliche Vorlieben bleibt fast immer. Freunde berichteten von einem Pärchen, das jeden Tag auf dem korsischen Hochgebirgswanderweg GR 20 mit einem Gläschen - die Rede ist in der Tat von je einem erlesenen Glas aus geschliffenem Kristall - korsischen Weines ausklingen ließ ...

Theorie - Ernährung, Einkauf und Verpackung

Energienachschub -
wie viel braucht man denn eigentlich?

Nahrungsmittel liefern einerseits **Energie**, damit der Körper leistungsfähig sein kann, andererseits stellen sie auch Grundstoffe zum Aufbau und Erhalt des Körpers bereit.

Die Nahrung wird in die drei großen Gruppen Kohlenhydrate, Eiweiße und Fette eingeteilt, wobei man ganz grob den Kohlenhydraten die schnelle Bereitstellung von Energie, den Eiweißen Aufbaufunktionen und den Fetten Speicher- und Schutzfunktionen zusprechen kann.

Hinzu kommen Vitamine und Mineralien, die zwar nur in kleinsten Mengen benötigt werden, ohne die aber gar nichts läuft.

Der Energiegehalt der Nahrung wird nach dem internationalen Maßeinheitensystem in Kilojoule (kJ) gemessen. Vertrauter ist uns die alte Einheit Kilokalorie (kcal). Eine Kilokalorie ist anschaulich als die Energiemenge definiert, die man braucht, um 1 Liter Wasser unter standardisierten Bedingungen (normaler Luftdruck, kein Wind usw.) von 14,5°C auf 15,5°C zu erwärmen.

$$1 \text{ kcal} = 4,2 \text{ kJ bzw. } 1 \text{ kJ} = 0,239 \text{ kcal}$$

Der Energiegehalt von Nahrungsmitteln wird auf der Verpackung meistens sowohl in **Kilojoule** (kJ) als auch in **Kilokalorien** (kcal) angegeben. Über den Daumen gepeilt lässt sich der Kalorienbedarf nach folgender Einteilung in drei Gruppen abschätzen:

Ein Erwachsener benötigt etwa pro Tag und Kilogramm Körpergewicht bei Tätigkeit nach:

▷   Gruppe I: leichte körperliche Arbeit (z.B. Bürotätigkeit, kein Sport) 35-40 kcal (147-168 kJ),

▷   Gruppe II: mittlere körperliche Arbeit (z.B. Briefträger, kein Sport) 40-50 kcal (168-210 kJ),

▷   Gruppe III: schwere körperliche Arbeit (z.B. schweres Handwerk oder viel Sport) 45-60 kcal (189-252 kJ).

Daraus ergibt sich zum Beispiel für den Kalorienbedarf pro Tag:

	Gewicht (kg)	Gruppe I (x 35)	Gruppe II (x 40)	Gruppe III (x 45)
Frau	60	2.100	2.400	2.700
Mann	80	2.800	3.200	3.600

Sie sehen, mit zunehmendem Gewicht steigt der **Kalorienbedarf** erheblich. (Also nicht böse sein, wenn der Herzallerliebste ständig über unstillbaren Hunger klagt - es kann etwas dran sein ...)

Man findet auch andere Berechnungsgrundlagen, sie müssen nicht sklavisch befolgt werden, sondern sind lediglich Anhaltspunkte. Im Zweifel gilt, was vor größeren Touren für alle Ausrüstungsgegenstände dringend zu empfehlen ist: ausprobieren!

▷   Mit mittlerer bis schwerer körperlicher Arbeit sollten Sie in jedem Fall rechnen.

Der **Verbrauch** ist auch von der **allgemeinen körperlichen Verfassung**, dem Alter und anderen Faktoren, wie etwa der Umgebungstemperatur, abhängig. Kinder und Jugendliche (bis zu einem Alter von ca. 22 Jahren) haben einen etwa 10 % höheren Energieumsatz.

Und bei **Wintertouren** dürfen (und müssen) Sie die Kalorienzahl noch einmal um etwa ein Drittel erhöhen, denn nichts ist für den Körper so energieaufwendig wie der Erhalt der Körpertemperatur.
Wer schon einmal so richtig "durchgefroren" war, egal ob durch Baden in kaltem Wasser oder durch Aufenthalt in Schnee oder eisigem Wind verursacht, weiß, wovon die Rede ist - spätestens beim "Auftauen" meldet sich ein Bärenhunger.

☺   Die **Wärme** von warmen Mahlzeiten oder heißen Getränken wird vom Körper direkt aufgenommen und erspart ihm das Erzeugen eigener Wärme durch das Verbrennen wertvoller Nahrung. (Auch in heißen Ländern sind warme Getränke bekömmlicher als eisgekühlte.)

Zusammensetzung der Nahrung - nicht nur auf den Energiegehalt achten

Kohlenhydrate - die schnellen Energielieferanten

Kohlenhydrate liefern schnell verfügbare Energie. Der Körper kann sie leicht abbauen und in Form von **Glykogen** zunächst für zwei, drei Tage in Leber und Muskeln speichern. Bei Bedarf werden sie dann als **Traubenzucker**, dem Brennstoff der Körperzellen, in den Blutstrom abgegeben, so dass sie überall im Körper verfügbar sind.

Bei einem Überangebot an Kohlenhydraten (in den "Zivilisationsgesellschaften" meistens in Form von Zucker) wird ein Teil in Fett umgewandelt und für schlechte Zeiten gespeichert (☞ Fette).

Kohlenhydrate sind z.B. in **Getreideprodukten**, wie **Mehl** (Brot, Nudeln), in **Kartoffeln** und **Reis** und in **Süßigkeiten** enthalten. Sie lassen sich gut trocknen und sind eine ideale, abwechslungsreiche Nahrungsbasis für Trekkingtouren.

1 g Kohlenhydrat liefert 4,1 kcal (17,2 kJ).

Je nach körperlicher Betätigung (Gruppen I-III) rechnet man mit 5-10 g Kohlenhydraten pro Kilogramm Körpergewicht (☞ Tabelle 2).

Eiweiße - vielseitige Baustoffe

Eiweiße sind die wichtigsten Baustoffe für den Körper. Besonders im Wachstum sind sie unerlässlich, aber auch Erwachsene brauchen eine regelmäßige Eiweißzufuhr. Was nicht für Aufbau (u.a. Muskeln, Gehirn(!)) oder Reparaturen verwendet wird, kann zur Energiegewinnung verbrannt oder in Fett umgewandelt und gespeichert werden.

Milchprodukte, **Eier**, **Fleisch** und **Fisch** (auch in Pulver- oder Trockenform), aber auch **Nüsse**, **Hülsenfrüchte** und **Vollkornprodukte** sind gute Eiweißlieferanten. Bei schonender Verarbeitung, die heute im Allgemeinen bei entsprechenden Fertigprodukten gegeben ist, lässt sich die Eiweißversorgung auf Trekkingtouren hochwertig und schmackhaft sichern (☞ Einkauf).

Es ist durchaus zweckmäßig, verschiedene pflanzliche und tierische Eiweißquellen zu nutzen, denn einige ihrer Baustoffe, die sogenannten **essentiellen Aminosäuren**, kann unser Körper nicht selbst herstellen, benötigt sie aber dringend für eine reibungslose Funktion. Wer nun allerdings meint, durch sehr eiweißreiche Kost Muskeln und Hirn vergrößern zu können, muss enttäuscht werden, er belastet nur übermäßig seine Nieren, die die Reste wieder entsorgen müssen.

1 g Eiweiß liefert - wie Kohlenhydrat - 4,1 kcal (17,2 kJ).

Für Erwachsene wird der Eiweißbedarf mit 0,8-1 g Eiweiß pro Kilogramm Körpergewicht pro Tag angegeben. Kinder und Jugendliche (bis zu einem Alter von etwa 22 Jahren) haben einen erhöhten Eiweißbedarf, sie sollen ja noch wachsen. (Kinder 1,8 g Eiweiß/kg Körpergewicht/Tag; Jugendliche 1,5 g Eiweiß/kg Körpergewicht/Tag).

Fette - die Langzeitreserven

Auch Fette sind lebensnotwendig. Neben den allseits bekannten Funktionen als Reserven für schlechte Zeiten übernehmen sie wichtige "Polster"-Funktionen für einzelne Organe, machen die Aufnahme von fettlöslichen Vitaminen (Vitamin A, D, E und K) überhaupt erst möglich, und ihre Bausteine, die Fettsäuren, sind an zahlreichen Orten und bei vielen Vorgängen im Körper unverzichtbar (z.B. Aufbau von Zellmembranen und Enzymen). Bestimmte (essentielle) Fettsäuren müssen mit der Nahrung aufgenommen werden. Sie finden sich besonders in kaltgepressten Pflanzenölen und in Meeresfischen.

Der Energiegehalt von Fetten ist doppelt so hoch wie der von Kohlenhydraten oder Eiweißen.

I g Fett liefert 9,3 kcal (39 kJ).

Der Fettbedarf pro Tag beträgt I g pro Kilogramm Körpergewicht.

Da der Körper Fette nicht so schnell aufschließen kann, zehrt man lange von einer fettreichen Mahlzeit, kann durch sie allerdings auch träge und müde werden (ist also eher etwas für abends). Wer einen wirklich hohen Kalorienverbrauch hat, zum Beispiel bei einer Wintertour, kann den Fettgehalt seiner Nahrung erhöhen, um seinem Bedarf gerecht zu werden.

Insgesamt sind pflanzliche Fette gesünder, was für eine zeitlich begrenzte Rucksackernährung aber eine untergeordnete Rolle spielt. Wichtiger ist in diesem Fall die Transportfähigkeit.

Gute **Fettlieferanten** für unterwegs sind **Margarine, Pflanzenöl, Speck, Schinken** oder **Wurst, Nüsse** - und natürlich **Schokolade**.

Vitamine und Mineralien - klein aber fein

In dieser Gruppe werden eine Reihe sehr verschiedenartiger Stoffe zusammengefasst, die zwar dem Körper keine direkte Energie liefern, aber trotzdem lebensnotwendig sind, weil sie Schlüsselstellungen im Stoffwechselgeschehen einnehmen. Für einige liegt der Tagesbedarf im Bereich von μg (Millionstel Gramm). Einige können im Körper für eine gewisse Zeit gespeichert werden (z.B. Eisen), andere müssen immer wieder frisch zugeführt werden (z.B. Vitamin C).

Viele Vitamine überstehen den Trocknungsprozess und sind in ausreichender Menge in getrockneter Nahrung enthalten, soweit diese nicht nur aus Nudeln besteht. Wer sich länger als zwei Wochen ausschließlich von Trockennahrung ernährt, sollte zusätzlich **Vitamin-C-Tabletten** mitnehmen. Etwas teurer sind **Multivitaminpräparate**, etwa der legendäre "Lebertran", die allen Mangelerscheinungen aus dieser Richtung vorbeugen (heutzutage in Form von Brausetabletten gleichzeitig ein erfrischendes Getränk). Bei den modernen Trekking-Gerichten aus der Tüte ist ebenfalls für alles gesorgt.

Bei den Mineralien geht es einerseits um die Spurenelemente, wie **Eisen, Zink, Jod, Kupfer, Mangan, Fluor** und andere, deren Bedarf pro Kilogramm Körpergewicht im mg-Bereich oder darunter liegt. Sie bleiben in getrockneten Lebensmitteln unverändert enthalten, ihr Vorkommen kann in jeder Ernährungstabelle nachgelesen werden, und mit etwas abwechslungsreich gestaltetem Proviant braucht man sich um diese Gruppe keine Sorgen zu machen.

Das kann bei der zweiten Gruppe der Mineralien, **Natrium, Kalium, Calcium, Magnesium**, anders sein. Sie braucht der Körper in etwas größeren Mengen (pro kg Körpergewicht im Bereich mehrerer Gramm), und sie spielen eine wesentliche Rolle bei der Funktion von Muskeln und Nerven und der Regulation des **Wasserhaushaltes**.

Wer viel schwitzt oder extreme Anstrengungen vollbringt, hat neben dem Wasserverlust auch einen hohen Mineralverlust. Die Speicher im Körper reichen für etwa zwei Stunden. Dauert die (extreme) Anstrengung länger, sollte man sie unterwegs mit Hilfe spezieller mineralhaltiger "Sportlernahrung" (zusammen mit einem Getränk oder gleich als solches) wieder auffüllen. Eine Gemüsebrühe (z.B. beim Frühstück zubereitet und in einer Thermosflasche mitgeführt) hat ähnliche Wirkung. Akuter **Mineralmangel** macht sich durch **Wadenkrämpfe**, **Schwindelgefühl** und schlimmstenfalls mentale Beeinträchtigung (verlangsamte Reaktionen, Benommenheit, Realitätsverlust) bemerkbar (☞ auch Wasser).

Das "Krankheitsgefühl" bei den häufigsten aller **Reiseerkrankungen**, **Durchfall** oder **Erbrechen**, die ja allzu häufig auch noch gemeinsam auftreten, hat übrigens die gleichen Ursachen. Auch hier kommt es zu starkem Wasser- und Mineralverlust, der durch entsprechende Getränke (notfalls teelöffelweise) gemildert werden kann.

Normalerweise, wenn Sie gesund sind und sich nicht zu sehr überfordert haben, werden schon eine gute Mahlzeit am Abend und etwas Ruhe ausreichen, den Mangel zu beheben.

Zusammenstellung einer Tagesration

Versucht man nun, dieses theoretische Wissen für die praktische Versorgung auf einer Rucksacktour umzusetzen, kommt man für den Nahrungsbedarf etwa auf Werte wie in Tabelle 2 ( Seite 20). Angegeben sind zwei Beispiele für Personen mit 60 bzw. 80 kg Gewicht. Wenn Sie die entsprechenden Zahlen der Spalten "pro kg Körpergewicht" mit Ihrem Körpergewicht multiplizieren, kommen Sie schnell zu Ihrem persönlichen Nahrungsbedarf. Diese Angaben sind als grobe Richtwerte aufzufassen, man findet auch hier in den verschiedenen Lehrbüchern zur Ernährungskunde durchaus unterschiedliche Angaben. Sie sollen lediglich ein Gefühl für das bekommen, was Sie in Ihren Rucksack packen.

Grundstoffe

Tagesration bei mittlerer bis schwerer körperlicher Arbeit

	kcal (kJ) pro g Nahrung	g pro kg Körpergewicht	kcal (kJ) pro kg Körpergewicht	Frau		Mann	
				g Nahrung bei 60 kg Körpergewicht	kcal (kJ) bei 60 kg Körpergewicht	g Nahrung bei 80 kg Körpergewicht	kcal (kJ) bei 80 kg Körpergewicht
Kohlenhydrate	4,1 (17)	6	24,6 (103)	360	1.476 (6.120)	480	1.968 (8.160)
Eiweiße	4,1 (17)	1,5	6,15 (26)	90	369 (1.530)	120	492 (2.040)
Fette	9,3 (39)	1,5	13,95 (58)	90	837 (3.510)	120	1.116 (4.680)
Gesamt			44,7 (188)	540	2.682 (11.280)	720	3.352,5 (15.040)

Winterzuschlag: Verdopplung des Fett-Anteils der Nahrung zu Lasten des Kohlenhydrat-Anteils

	kcal (kJ) pro g Nahrung	g pro kg Körpergewicht	kcal (kJ) pro kg Körpergewicht	Frau		Mann	
				g Nahrung bei 60 kg Körpergewicht	kcal (kJ) bei 60 kg Körpergewicht	g Nahrung bei 80 kg Körpergewicht	kcal (kJ) bei 80 kg Körpergewicht
Kohlenhydrate	4,1 (17)	4,5	18,45 (76,5)	270	1.107 (4.590)	360	1.476 (6.120)
Eiweiße	4,1 (17)	1,5	6,15 (26)	90	369 (1.530)	120	492 (2.040)
Fette	9,3 (39)	3	27,9 (117)	180	1.674 (7.020)	240	2.232 (9.360)
Gesamt			52,5 (219)	540	3.150 (13.340)	720	4.200 (17.520)

Die Werte in kJ sind gerundet.

Eines wird aus dieser Tabelle sofort deutlich: rechnet man den Brennstoff-bedarf für den Kocher von etwa 100-200 g pro Tag und Person hinzu, kommt man für die Nahrung auf ein Gewicht von 700-900 g pro Person für jeden einzelnen Tag - bei 14 Tagen schon rund 9-13 kg allein für die Nah-rung! (Aber es wird ja jeden Tag weniger.)

Insgesamt soll die **Energiezufuhr** zu etwa je 15 % aus Eiweißen und Fet-ten bestehen und zu 70 % aus Kohlenhydraten.

Bei Kälte können Sie getrost den Fett-Anteil erhöhen, in großer Hitze und großer Höhe fühlt man sich besser mit leicht verdaulicher Kost, also einem geringeren Fettanteil pro Mahlzeit:

Sommer	Winter
Eiweiße 15 %	Eiweiße 15 %
Fette 15 %	Fette 30 - 35 %
Kohlenhydrate 70 %	Kohlenhydrate 50 - 55 %

Dabei sollen etwa 35 % am Morgen, 15 % über den Tag und der Haupt-anteil von 50 % am Abend verspeist werden.

Einkauf

Wenn Sie mit dem theoretischen Ballast der vorhergehenden Kapitel beladen zum Großeinkauf ziehen, bedenken Sie noch eines: Am meisten beschränkt in Volumen und Gewicht sind Sie bei einer Rucksackwanderung. Die Tipps beziehen sich daher besonders auf solche Touren.

Es geht also darum, tourentaugliche Lebensmittel zu finden, die all die-sen Voraussetzungen entsprechen und dabei auch noch leicht, haltbar und schnell zuzubereiten sind.

Was im Alltag vielen zu schaffen macht, gilt für die Rucksackküche genau umgekehrt: Kalorien sind erwünscht, je mehr, desto besser!

▷   Zunächst müssen Sie wissen, wie lange Sie unterwegs sein wollen. Überlegen Sie, wie viele Mahlzeiten Sie brauchen (morgens, mittags, abends). Denken Sie auch an die **Snacks** für zwischendurch, sie sind besonders bei schlechtem Wetter echte Motivationsschübe.

▷   Wenn Sie nicht (nur) von der Spezialnahrung aus Tüten leben wollen, müssen Sie schätzen, welche Mengen Sie an Nudeln, Reis etc. pro Person verputzen werden. Am besten erstellen Sie eine Liste (☞ Lebensmittelliste).

▷   Kalkulieren Sie auch **Notessen** für zwei, drei Tage mehr ein. Man kann nie wissen ...

▷   Schon beim Überschlagen werden Sie schnell erkennen, viel länger als 14 Tage können Sie sich allein aus dem Rucksack nicht ernähren. Es sei denn, Sie haben ein **Depot**, an dem Sie die Lebensmittel wieder auffüllen können, oder ein Schlitten oder ein Packpferd trägt Ihre Sachen.

▷   Solange Sie Ihr Wandergebiet nicht wirklich genau kennen, bauen Sie lieber nicht auf eine Selbstversorgung mit der Angel.
    Natürlich können und sollen Sie Ihren Speiseplan durch Essbares aus der Natur ergänzen, nur, sich darauf zu verlassen und von vornherein weniger Lebensmittel einzupacken, ist riskant.

▷   Geeignet sind alle **dehydrierten Lebensmittel**, die so gut wie kein Wasser mehr enthalten, oder solche, die hochkonzentriert sind, wie z.B. Tomatenmark. Obendrein sollen sie auch noch gut zu verpacken sein (Zwieback oder Knäckebrot sind also nur bedingt geeignet).

☺   Achten Sie auch auf die **Kochzeiten**. Nicht jede Reissorte muss 20 Minuten kochen.

▷   Nehmen Sie sowohl **Fertiggerichte** als auch "**Rohstoffe**" mit, Sie sind dann flexibel und können auf ein Fertiggericht zurückgreifen, wenn es einmal schnell gehen muss.
    Auch eine "Verlängerung" der Menge liegt dann ganz in Ihrer Hand.

▷   Vielleicht haben Sie ja einen Bekannten, der einen Bekannten hat, der an Großküchenessen herankommt. Sie werden staunen, was es da alles in getrockneter Form gibt.

▷   Planen Sie auch "Besonderheiten" ein, mit denen Sie sich an Sonntagen oder zu besonderen Anlässen verwöhnen können.

▷   Kaufen Sie **Familienpackungen** statt **Portionsmengen**. Erstens müssen Sie das meiste sowieso umfüllen, und zweitens erzeugen Sie auf diese Weise erheblich weniger Müll.

Energiegehalt einiger Lebensmittel pro 100 g

überwiegend Kohlenhydrate			überwiegend Eiweiße			überwiegend Fette		
	kcal	(kJ)		kcal	(kJ)		kcal	(kJ)
Mehl	370	(1.554)	Trockenfleisch	311	(1.315)	Margarine	720	(3.024)
Haferflocken	400	(1.680)	Milch	65	(273)	Pflanzenöl	828	(3.478)
Nudeln	390	(1.638)	Trockenfisch	340	(1.428)	Speck, durchw.	620	(2.604)
Reis	400	(1.680)	Soja (Tofu)	75	(315)	Schokolade	560	(2.352)
Kartoffeln	68	(286)	Ei	80	(336)	Walnüsse	65	(2.793)
Müsli	125	(525)	Vollkornbrot	212	(892)	Erdnüsse	570	(2.394)
			Parmesan	400	(1.680)	Pemmikan	600	(2.520)

Geeignete Lebensmittel

▷   Ein Becher **Müsli** zum Frühstück ist eine gute Grundlage für den Tag. Es gibt Hunderte von verschiedenen Sorten. Nehmen Sie nicht das Einfachste. Verschiedene Sorten erhöhen die Vielfalt.

▷   **Milchpulver** hat geschmacklich nicht mehr allzu viel mit frischer Milch gemeinsam; zum Müsli, im Kaffee oder zum Anrühren von Soßen ist es aber eine gute Sache.

Zusammen mit Schokolade kann man auch einen nahrhaften und wohlschmeckenden heißen Kakao herstellen.

Wer das Vollmilchpulver nicht oder nicht so gut verträgt, kann es mit Magermilchpulver probieren.

▷   Mehl bildet die Grundsubstanz für viele schmackhafte Dinge, wie **Pfannkuchen, Kuchen, Brot** oder **Soßen**. **Vollkornmehl** hat einen höheren Nährwert. Nehmen Sie dazu ein paar Päckchen Backpulver und Trockenhefe mit. (Aber Achtung: Hefe "arbeitet" nur im Warmen, 30-50°C)

▷   **Gries** und **Couscous** bestehen aus Weizenmehl. Man kann sie zu süßen oder salzigen Gerichten verarbeiten. Vorteil: sie benötigen nur sehr geringe Kochzeiten.

▷   **Nudeln, Reis** und **Kartoffelpüree** sind die Grundstoffe für viele abwechslungsreiche Gerichte. Achten Sie auf die Kochzeiten und bei Nudeln auch auf das Packvolumen.
    Sternchennudeln oder Spaghetti lassen sich besser verstauen als Spiralis oder Spätzle. Nehmen Sie auch getrocknete Ravioli oder Tortellini (mit verschiedenen Füllungen) mit.

Schinken in Folie

☺ Geräucherter **Schinken** oder **Speck** hält sich im Stück auch bei wärmeren Temperaturen durchaus etwa eine Woche, Schinkenwürfel immerhin einige Tage, denn sie bieten Bakterien und Schimmelpilzen eine größere, leichter zugängliche Oberfläche. Durch Einschweißen der Lebensmittel in Folie erschwert man diesen Schmarotzern den Zugang und trennt sie vom notwendigen Sauerstoff. Eingeschweißte Lebensmittel sind deshalb länger haltbar. Bei Dosenlebensmitteln wurde diese Technik perfektioniert, mit dem Ergebnis, dass sie nahezu unbegrenzt haltbar sind.

☺   Wirklich frische **Eier** (direkt vom Bauernhof) halten sich auch unge-
kühlt bis zu zwei Wochen, solange die Schale heil ist.

Kleine und mittlere Eier sind stabiler und daher für unsere Zwecke besser
geeignet. Transportieren Sie die Eier in den Pappen oder Eierbehältern aus
Plastik (im Campinghandel erhältlich). Man kann sie auch schön gepolstert in
Topf oder Wasserkessel aufbewahren.

Schlagen Sie niemals die Eier auf und füllen sie in eine Flasche. Sobald die
Schale zerstört ist, haben Bakterien leichtes Spiel und können Übelkeit und
Durchfall auslösen, auch wenn noch kein Geruch nach "faulen Eiern" festzu-
stellen war. Gutes Durchbraten gibt Sicherheit.

Das unter Outdoornahrung angebotene Eipulver ist zwar praktisch, kann
aber geschmacklich mit frischen Eiern nicht konkurrieren.

▷   Gefriergetrocknetes Gemüse und Pilze machen aus Ihren Gerichten
eine gesunde Sache (Vitamine und mehr) und verleihen ihnen Geschmack
und Farbe. Fragen Sie im Großküchenbedarf oder in Ausrüstungsläden nach.

▷   Getrocknetes Fleisch (**Dörrfleisch** oder **Jerky**) wird von manchen
Lebensmittelketten (z.B. Walmart) vertrieben. In Ausrüstungsläden findet
man es ebenfalls, z.B. von der Fa. Schultheiss unter dem Namen Beef Jerky.
Übrigens, eine echte, möglichst steinharte Salami eignet sich auch hervorragend für diese Zwecke und ist leicht zu beschaffen.

✋   Fleisch selbst zu trocknen ist problematisch, solange Sie kein exaktes
Rezept und keinen Trocknungsapparat haben. Fleischtrocknung im Backofen
kann zu einer Fleischvergiftung führen.

▷   **Pemmikan** ist ein haltbarer, nahrhafter Dauerproviant (ca. 600 kcal
(2520 kJ)/100 g) für kalte Gegenden. Er wurde von den Indianern Nordame-
rikas erfunden und besteht im Wesentlichen aus einer festen Masse aus
getrocknetem (Büffel-)Fleisch, Fett und verschiedenen Beeren. Vorüberge-
hend kann er gut auch mal als Alleinnahrung dienen.

Scott und Amundsen, aber auch Arved Fuchs und Reinhold Messner
wussten diese Kraftnahrung auf ihren Expeditionen zu schätzen.

Pemmikan ist im Handel unter dem Markennamen Cathay von der Fa. Metzmacher erhältlich. Sie können ihn aber auch selbst herstellen (☞ Mittagspause, Pemmikan).

▷   **Sojawürfel** sind ein guter Ersatz für Fleisch, sie müssen nur vor dem Kochen quellen.

▷   **Tütensuppen** und **Soßenpulver** gibt es in vielen Geschmacksrichtungen. Sie sind gut geeignet, um Nudeln, Reis oder Kartoffelpüree einen besonderen Geschmack zu verleihen.

▷   Gute Dienste tun im Übrigen auch **Brühwürfel** oder -pulver. Auch hier bietet der Handel eine Auswahl von Kräuter- über Huhn- und Fleisch- bis zu Fisch- oder Krabbengeschmack.

▷   **Margarine** oder **Öl** sind haltbare Fette, die Sie zum Braten und Backen gebrauchen können. Auch "normale" Eintöpfe lassen sich mit einem Klecks Fett "aufbessern".

▷   **Käse** ist nahrhaft und vielseitig einsetzbar. **Hartkäse** eignen sich am besten. Praktisch und auch für wärmere Gegenden geeignet: geriebener Parmesan (Aber geruchsdicht verpacken!). Etwas Besonderes: eine Packung Fonduekäse.

▷   Wenn Sie nicht in allzu heißen Gebieten unterwegs sein wollen, ist Schokolade ein durchaus gut geeignetes "Lebensmittel". Der hohe Energiegehalt ist besonders für Wintertouren vorteilhaft. Auch Müsli kann man mit Schoko-Bröckchen prima verfeinern. Eine Tafel pro Tag schaffen Sie locker (Zähneputzen nicht vergessen).

▷   In vielen Ländern gibt es ganz ausgezeichnete **getrocknete Spezialitäten**, die sich hervorragend für unterwegs eignen.
Lebensmittelläden in fremden Ländern sind fast immer ein interessantes, lohnendes Objekt. Nehmen Sie sich Zeit zum Stöbern, und achten Sie besonders auf die Dinge, die es bei uns nicht gibt.

Trockenfutter

So hatten wir in Island immer den einheimischen Trockenfisch dabei. Man konnte unterwegs daran knabbern oder ihn zum Reis mit in den Kochtopf geben - das Ergebnis war ein leckeres Fischgericht.

Als wir allerdings einem isländischen Freund davon erzählten, konnte der sich kaum halten vor Lachen: Die billigeren Sorten aus den großen Lagerhäusern werden zu Katzenfutter verarbeitet, und die besseren Filetstücke essen die Isländer wie wir Kartoffelchips zum abendlichen Bier, aber niemals wird ein getrockneter Fisch wieder eingeweicht.

Gewürze - mehr als das Salz in der Suppe

Packen Sie Gewürze ein! Sie nehmen nicht viel Platz weg und wiegen fast nichts, aber man kann mit ihrer Hilfe aus den immer gleichen Grundstoffen abwechslungsreiche, geschmackvolle Gerichte zaubern.

▷   Neben Salz, Pfeffer und Paprika gehören auch Curry, Muskat und Zimt (für die süßen Sachen) dazu.

▷   Auf jeden Fall sollten Sie verschiedene getrocknete **Kräuter**, wie Schnittlauch, Petersilie, Oregano, Dill, einpacken - aber bloß keine Gewürzmischung, sonst schmeckt ja wieder alles gleich.
    Auch ein paar frische Knoblauchzehen und Zwiebeln erweisen sich schon nach wenigen Tagen als eine Köstlichkeit.

▷   Als ausgesprochen vielseitig hat sich auch eine frische **Ingwer**knolle erwiesen. Der ausgeprägte Geschmack erzeugt asiatisches Flair, und in den Tee oder in heißes Wasser geschnitten erhält man ein schmackhaftes Getränk mit keimtötender Wirkung in Hals und Magen. Auch gegen die Seekrankheit soll das Kauen von Ingwer helfen.

Viel Geschmack - Knoblauch, Zwiebel + Ingwer

▷   **Senf** (in der Tube) kann manches ein bisschen fade schmeckendes Gericht aufpeppen, und mit Tabasco oder Sambal Oelek wird es so richtig feurig.

▷   Gewürze gibt es inzwischen in kleinen, wieder verschließbaren Tüten zu kaufen. Stabiler: Umfüllen in leere Plastikdosen oder -fläschchen (Filmdosen waren ideal, sterben wohl aber langsam aus). Kennzeichnung der Döschen nicht vergessen.

☺   Praktisch: der nachfüllbare Multigewürzstreuer aus dem "Outdoor-Handel".

☺   Noch besser schmecken natürlich frisch gesammelte Kräuter. Auf vielen Wiesen gibt es Sauerampfer oder Kresse, auch wilden Schnittlauch, Minze oder Thymian kann man oft finden. Halten Sie die Augen offen!

📖   Essbare Wildpflanzen, von Hartmut Engel & Iris Kürschner, OutdoorHandbuch Basiswissen für draußen (Band 5), 134 Seiten, 78 Illustrationen, 84 farbige Abbildungen, Conrad Stein Verlag, ISBN 978-3-86686-005-6, € 8,90

Trekking-Mahlzeiten

Was als **Astronauten-Essen** begann, fand auch auf der Erde schnell Verwendung als "Bergsteiger-Nahrung" oder zur Versorgung auf extremen Touren, etwa zu Nord- und Südpol. Diese gefriergetrocknete Spezialnahrung ist in Form von **Trekking-Mahlzeiten** inzwischen aus der "Outdoor-Szene" nicht mehr wegzudenken. Sie sind leicht und gehaltvoll, portioniert und haltbar, nach ernährungsphysiologischen Gesichtspunkten zusammengestellt, einfach zuzubereiten und mehr oder weniger wohlschmeckend.

Minimalisten öffnen die Tüte, schütten heißes oder kaltes (!) Wasser hinein, zählen bis 10 (das Ganze muss ein paar Minuten ziehen) und schlürfen dann den Inhalt in sich hinein. Und seit einiger Zeit gibt es auch noch selbst erwärmende Packungen!

Bleibt als Nachteil nur noch der relativ hohe Preis und der in großen Mengen anfallende, relativ aufwendig aufzuarbeitende Müll (Aluminium-bedampftes Plastik) anzuführen, der natürlich wieder mit nach Hause gebracht werden muss.

Auch das "gesellschaftliche Ereignis" Kochen mit all seinen Nebeneffekten, wie Versammeln um den Kocher, Vorfreude auf das Essen, gemeinsames Experimentieren, Reflexion des Erlebten beim Beobachten des brodelnden Topfinhalts usw., fällt eventuell etwas spärlicher aus.

Aber auch hier kann man sinnvolle Kompromisse schließen. Man kann den Proviant in einen Teil Fertignahrung und einen Teil Rohstoffe aufteilen. Man kann die **Tütennahrung** als Grundlage nehmen und zum Beispiel mit Nudeln oder Reis "verlängern". Man kann mehrgängig kochen, z.B. erst eine Gemüsesuppe, dann ein Fertiggericht.

Man kann auch versuchen, durch den Einkauf größerer Mengen (Sammelbestellung) ein paar Prozente Preisnachlass herauszuhandeln. Ein Preisvergleich zwischen den einzelnen Ausrüstern kann sich lohnen. In jedem Fall ist es sinnvoll, ein paar solcher Fertiggerichte im Gepäck zu haben. Und sei es nur für Notfälle. Wer sich auf diese Weise ernähren will, sollte unbedingt vorher testen, ob er von einer Tüte auch satt wird.

Einer der Marktführer ist die Firma Schultheiss mit ihren Trekking-Mahlzeiten (🖥 www.Trekking-Mahlzeiten.de). Eine durchschnittliche Packung wiegt 100 g, ergibt mit Wasser angerührt 425 g Essen, liefert 400 bis 600 kcal (1680-2520 kJ) und kostet zwischen ca. € 4 und 8. Das Ganze wird auch als Doppelportion angeboten.

Das Angebot ist vielseitig und reicht von Rohstoffen, wie Schnittbohnen und Kartoffelscheiben, über "Jägertopf mit Rindfleisch und Nudeln" und "Indonesischer Reistopf" bis zu Leckereien, wie "Mousse au Chocolat" oder "Kaiserschmarrn".

Es lohnt sich, hier genau auszuwählen. Zum Beispiel kann man "**Müsli** Schweizer Art mit Vollmilch", 300 g für € 6,90, ganz sicher auch als Müsli und Milchpulver einzeln einkaufen und selbst verpacken, etwa in den immer wieder verwendbaren **Weithalsflaschen**. Das Milchpulver ist dann auch für andere Zwecke einsetzbar.

Verpackung

Wir wollen nicht so weit gehen zu sagen, Ordnung sei das halbe Leben, aber eine gewisse Planung, die schon beim Verpacken der Lebensmittel einsetzt, kann unterwegs das Kochen wesentlich erleichtern. Stellen Sie sich vor, Sie haben einen Bärenhunger, es wird schon unaufhaltsam dunkel, Sie haben nasse Füße und kalte Finger, und dann ist auch noch das Mehl nass, die Tütensuppe mit dem Kakaopulver vermischt und die Butter im Lieblings-T-Shirt. Da hört der Spaß doch auf!

Wenn Sie nicht wie einige Extremsportler pro Mahlzeit und Person eine fix und fertig eingeschweißte Portionspackung verwenden wollen, müssen Sie überlegen, welche Anforderungen an eine Verpackung der verschiedenen Lebensmittel gestellt werden. Die ursprünglichen sind meist ungeeignet.

Weithalsflaschen und Flasche mit einer Messskala

Die Verpackungen müssen
▷   stabil,
▷   wieder verschließbar,
▷   leicht,
▷   wasserdicht
▷   gut zu verstauen

sein - und natürlich hält der Handel auch hier Passendes bereit. Es gibt **Plastikbehälter** in verschiedensten Größen und Formen mit Drehverschlüssen. Man kann alles Mögliche darin aufbewahren.

Dosen an der Ammer

Der Drehverschluss ist haltbar als etwa die Deckel der Tupper-Gefäße. Diese Dosen sind immer wieder verwendbar, man hat also unterwegs kein "Müllproblem". Und sie sind wasserdicht, beim Kochen im Regen ein großer Vorteil. Füllen Sie die Lebensmittel um, und legen Sie gleich die Kochanweisungen mit hinein. Achten Sie beim Einkauf einmal auf die Verpackungen. Es lassen sich durchaus geeignete Gefäße finden, die man "zweckentfremden" kann. - Aber auf Lebensmittelechtheit achten!

☺   Es gibt sogar wieder **befüllbare Tuben** für Marmelade oder Honig.

▷   Gliedern Sie die Lebensmittel in Untereinheiten. Dinge, die Sie zusammen benutzen, z.B. Müsli, Milchpulver und Kaffee zum Frühstück, packen Sie in einen eigenen Beutel.
    Sie haben dann alles zusammen und sparen sich lange Sucherei.

▷   Kocher oder Kochgeschirr sollten ein eigenes **Feuerzeug** bekommen, das immer griffbereit zur Stelle ist, wenn man es braucht. Zur Sicherheit haben Sie natürlich noch ein, zwei weitere dabei.

▷   In ähnlicher Weise kann man auch die Zutaten für die Abendmahlzeiten gliedern und eventuell auf mehrere Träger verteilen.

▷   Es kann sinnvoll sein, schon gleich in **Portionseinheiten** zu packen. Man erliegt dann nicht der Versuchung, anfangs mit Bärenhunger Riesenportionen zu kochen, die dann doch niemand schafft, und gegen Ende der Tour nur noch kärgliche oder nicht so beliebte Reste verwerten zu müssen.

☺   Verzichten Sie auf Plastiktüten. Sie haben spätestens nach ein paar Tagen Löcher und Risse und sind dann nicht mehr richtig zu gebrauchen. Es kann allerdings sinnvoll sein, ein paar Gefrierbeutel mitzunehmen. Wir verwenden **selbst genähte Beutel** aus dem Stoff der Spinnaker-Segel moderner Yachten. Der ist extrem leicht, fest und wasserabweisend, leider auch teuer. Fragen Sie nach Reststücken in Segelmachereien. Auch dieses Zubehör können Sie natürlich fix und fertig im entsprechenden Fachgeschäft erwerben.

Wasser holen

Wasser

Wohl gibt es inzwischen Bierpulver, aber Wasser muss man immer noch so mitnehmen, wie man es trinken will. Es beansprucht Platz und ist schwer.

Zudem hat es leider in vielen Regionen der Erde nicht die Trinkwasserqualität, an die wir gewöhnt sind.

Man tut also gut daran, sich vorher über Vorkommen und Qualität des Wassers auf der ausgewählten Strecke zu informieren, damit man nicht mit der mühsam mitgeschleppten 1-Liter-Flasche plötzlich am plätschernden Quellbach vorbeikommt oder ohne Reserven durstig vor einem zwar idyllischen, aber recht moderig riechenden See steht.

Flüssigkeitsbedarf

Unser Körper verliert Flüssigkeit nicht nur durch die Abgabe von Urin, über den wasserlösliche Endprodukte des Stoffwechsels entsorgt werden, sondern auch über die Haut und besonders über die Atemluft. Regelmäßiges "Nach-füllen" ist daher unumgänglich.

1-1,5 Liter Flüssigkeit pro Tag sind Minimum. Schwitzt man, oder ist die Luft sehr trocken, steigt der Bedarf schnell um ein Vielfaches (5 Liter Flüssigkeitsverbrauch ist keine Seltenheit). Trinken Sie so viel, dass Sie 3- bis 4-mal am Tag "müssen".

Eine ausreichende Versorgung mit Flüssigkeit ist sehr wichtig für den Erhalt der Leistungsfähigkeit. Möglichst sollten Sie mehrmals am Tag - etwa alle zwei Stunden - kleinere Mengen trinken, bevor Sie Durst verspüren. Geeignet sind reines Wasser (achten Sie einmal auf den unterschiedlichen Geschmack des Wassers aus verschiedenen Quellen, aber ☞ auch Keime), Früchte- oder Kräutertees und verdünnte Obstsäfte.

Kinder haben übrigens einen erheblich höheren Bedarf an Flüssigkeit als Erwachsene.

Koffeinhaltige Getränke allein sind nicht geeignet. Sie haben zwar belebende Wirkung, entziehen dem Körper aber Flüssigkeit.

Untrennbar verbunden mit dem **Flüssigkeitsverlust** durch Schwitzen ist der **Mineralverlust**, besonders von Kalium und Calcium, ☞ Vitamine und Mineralien. Wer über längere Zeit (mehrere Wochen) wesentlich zu wenig Flüssigkeit zu sich nimmt, riskiert eine Schädigung seiner Nieren.

Wasserqualität

Wasser hat leider (besonders für uns Mitteleuropäer) meistens keine Trinkwasserqualität. In Mitteleuropa kommt das Trinkwasser weitgehend aus einer zentralen Wasserversorgung mit strengen Qualitätsstandards.

Unser Körper hat daher keine Abwehrkräfte gegen Krankheitserreger aus dem Wasser. Versorgt man sich selbst mit Wasser "aus der Natur", muss man daran denken, dass auch klares Wasser krank machende Viren, Bakterien oder Einzeller enthalten kann. Das gilt übrigens auch für so manchen südlichen Dorfbrunnen. Die Erreger können natürlich vorhanden sein (z.B. Giardia, Verursacher des Biberfiebers, besonders in Nordamerika) oder von Tieren oder Menschen (im einfachsten Fall Koli- und andere Fäkalbakterien) stammen und ernsthafte gesundheitliche Beeinträchtigungen verursachen.

Nach einer WHO-Studie sind 80 % der Reiseerkrankungen auf verunreinigtes Wasser zurückzuführen, (darunter auch Cholera, Typhus, Ruhr und Hepatitis A, besonders, aber nicht nur, in sogenannten Ländern der Dritten Welt). Auch bei einem klaren Bergbach stellt sich daher als erstes die Frage: Was liegt oberhalb, im Einzugsbereich dieses Baches, vielleicht eine Alm mit Schafen oder Kühen oder gar ein Dorf?

▷   **Keime** lassen sich durch Abkochen unschädlich machen (etwa 5 Minuten auf Meereshöhe, in großer Höhe, z.B. 4.000 m, sind aber wegen des geringeren Siedepunktes von Wasser schon 20 Minuten notwendig). Entkeimungstabletten (oder -tropfen oder -pulver), z.B. von Multiman (🖳 www.multiman.de) oder Micropur, bewirken das Gleiche.

Andere Stoffe wie Pflanzengifte oder Industrierückstände lassen sich nicht so einfach entfernen. Es gibt aber kleine, tragbare Filtereinrichtungen, die mit Mikroporen- und Aktivkohle-Filtersystemen arbeiten. Sie nehmen für sich in Anspruch, auch diese Aufgabe zu erfüllen (z.B. Katadyn).

📖   Katadyn Wasserfibel, Trinkwasser auf Reisen, kostenlos unter
       🖳 www.katadyn.ch.

Falls "Montezumas Rache" Sie erwischt haben sollte: von der WHO empfohlen wird eine Rehydrations-Lösung (verhindert das Austrocknen bei Durchfall) aus Glucose und verschiedenen Salzen. Gibt es in der Apotheke als ORT-Lösung (Oral Rehydration Therapy) in Pulverform.

Im Notfall kann man ein Getränk aus folgenden Zutaten mischen:
8 TL Zucker
¾ TL Kochsalz
½ Liter Orangensaft (enthält Kalium)
½ Liter Mineralwasser

Die Trinkmenge soll etwa 3 Liter pro Tag in kleinen Einheiten betragen (40 ml/kg Körpergewicht innerhalb von 24 Stunden). Falls nach 3 bis 4 Tagen keine Besserung eingetreten ist, oder Sie hohes Fieber oder Krämpfe bekommen oder ein Kleinkind sind, müssen Sie direkt zum Arzt.

Grundsätzlich gilt:

▷   Trinkwasser soll klar, geruchlos und von "frischem" Geschmack sein.

▷   Grundwasser ist besser als Oberflächenwasser.

▷   Fließendes Wasser ist besser als stehendes.

▷   Gewässer mit steinigem Grund sind besser als algenbewachsene.

▷   In größeren Seen ist das Wasser fern der Ufer besser als das ufernahe.

▷   Oberflächenwasser von Seen ist stärker mit Algen und Bakterien durchsetzt als das aus der Tiefe.

▷   Die Gefahr schädlicher Organismen im Wasser steigt mit der Temperatur. Bei mehr als 12°C ist Vorsicht geboten, bei über 24°C wimmelt es nur so von Mikroben und anderem Getier.

Die Trübung in Gletscherflüssen ist unbedenklich. Sie hat ihre Ursache in feinem Gesteinsmehl, das vom Gletscher abgeschliffen wurde. Es setzt sich ab, wenn man das Wasser über Nacht stehen lässt. Auch die wild zuckenden Mückenlarven in nordskandinavischen Seen sind unbedenklich (aussortieren oder - Rache ist süß - mitkochen).

Getränkezusätze

Sie werden nicht umhin kommen, Ihre Getränke weitestgehend aus Wasser und verschiedenen Zusätzen anzurühren. Grundsätzlich geeignet sind alle Pulver und Tees, die sich mit Wasser in ein Getränk verwandeln lassen. Praktisch ist, wenn man sie auch kalt anrühren kann. **Brausetabletten** liefern gleich noch prickelnde Kohlensäure dazu. Auch **Konzentrate** sind geeignet. Achten Sie darauf, dass nicht alle Getränke von vornherein gesüßt sind. Diese liefern zwar zusätzliche Energie, löschen aber den Durst nicht. **Kakaopulver** ist besonders bei Kindern beliebt, man kann allerdings auch eine Tafel Schokolade in heißer Milch auflösen (☞ auch Wasser).

Die Küchenausrüstung

Pütt un' Pann - das Kochgeschirr

Gutes Handwerkszeug erleichtert die Arbeit ungemein. Beim Vergleich verschiedener Campinggeschirre achten Sie in erster Linie auf die Zweckmäßigkeit.

Unser Kochgeschirr wurde von meinem Mann mit in die Ehe gebracht. Er war als Jugendlicher von der Familie eines Freundes nach Finnland zum Segeln mitgenommen worden. Dort schenkte ihm der Familienvater das "schon alte" Campinggeschirr. Seitdem hat es mehrere Kocher und viele Lagerfeuer überlebt. - Im letzten Jahr mussten wir den jetzt mindestens 35 Jahre alten großen Topf ersetzen, weil die Kante zwischen Boden und Wand durchgescheuert war.

▷   Das Kochgeschirr sollte **2 bis 3 Töpfe** unterschiedlicher Größe und eine **Pfanne** umfassen, die auch als Topfdeckel verwendet werden kann.
    Achten Sie darauf, dass sich die Utensilien leicht ineinander stapeln lassen. Bleibt noch Raum für das Verstauen von Löffeln, Feuerzeug, einem Reinigungsschwamm etc.?
    Ist ein **Topfgreifer** dabei, und kann man mit ihm einen heißen, schweren Topf sicher handhaben?
    Natürlich soll das Ganze auch nicht zu schwer sein, zu dünnwandige Töpfe und Pfannen verbeulen wiederum schnell und nehmen dann die Wärme vom Kocher nicht mehr so gut und gleichmäßig auf (☞ Kocher, Trangia - der hat das alles).

▷   Auf der Suche nach einer geeigneten Pfanne kann man auch in Küchengeschäften fündig werden, wo es kleinere, evtl. beschichtete Pfannen

gibt, die von besserer Qualität sind als die Campinggeschirr-Pfannen (allerdings meistens auch schwerer).

☺   Wer es sich nicht zutraut, seinen Pfannkuchen durch "In-die-Luft-werfen-und-wieder-auffangen" zu wenden, sollte einen Pfannenwender mitnehmen.

☺   Haben Sie viele Nahrungsmittel in Pulverform dabei, erleichtert ein Schneebesen das Anrühren.

☺   Sind sie zu mehreren unterwegs, ist eine Suppenkelle praktisch.

▷   Ein **Wasserkessel** ist praktisch, aber nicht unbedingt notwendig, man kann auch in einem Topf Wasser erhitzen.

☺   Ritzen Sie in einem Topf kleine **Markierungen** im Abstand von zwei Tassen ein. Sie bekommen dann ein gutes Gefühl für die Mengen und müssen nicht alles in den Tassen abmessen, in denen sich ja sowieso schon der dampfende Tee befindet.

▷   **Tassen** gibt es in allen Variationen. Sie sollten bruchfest sein und nicht zu schwer. Messen Sie zu Hause aus, wie viel Milliliter in eine Tasse passen. Zum Anmixen von Tütensuppen ist das eine gute Hilfe.

▷   Eine **Thermosflasche** bietet die Möglichkeit eines heißen oder gekühlten Getränks für unterwegs. Wohltuend ist auch eine stärkende Suppe. Eine 1-Liter-Flasche für zwei Personen ist günstiger, als dass jeder seine eigene Halb-Liter-Flasche trägt. Auch bei der Zubereitung des abendlichen Dinners kann die Thermosflasche als "Zwischenspeicher" für ein heißes Getränk etc. dienen. Thermosflaschen haben gewöhnlich über dem Verschluss einen Becher, man kann in diesem Fall getrost auf den Extrabecher verzichten.

▷   **Suppenteller** oder kleine Schüsseln werden eindeutig häufiger zum Einsatz kommen als "normale". Zu zweit kann man auch gemeinsam direkt aus dem Topf essen, aber Vorsicht! - es gibt Leute, die können unheimlich schnell unglaublich heiße Mahlzeiten verschlingen. Es könnte sein, dass Sie nicht satt werden, wenn Sie nicht zu dieser Gruppe gehören.

▷   Ein Zwischending zwischen Schüssel und Becher ist das "**Berghaferl**", aus dem man sowohl essen als auch trinken kann.

▷   Das **Besteck** sollte mindestens aus einem Löffel und einem stabilen Messer mit 8 bis 10 cm langer Klinge bestehen. Auch eine Gabel kann durchaus nützlich sein, wird von Minimalisten unter den Outdoorern allerdings schon als "gehobener Standard" angesehen.
Die Messer der sogenannten **Bundeswehrbestecke** (Löffel, Gabel, Messer zusammensteckbar) eignen sich eigentlich nur zum Bestreichen von Broten, wir lassen sie meistens zu Hause. **Taschenmesserklingen** dagegen sind ein bisschen klein und nicht gut sauber zu halten.

▷   Unbedingt zum Kochgeschirr, und am besten griffbereit direkt in diesem verstaut, gehören auch ein **Reinigungsschwamm** oder Lappen und etwas "Spüli" zur Reinigung, ☞ Umweltschutz. Ein Stahlschwamm erleichtert das Entfernen angebrannter Reste, notfalls kann man hierzu aber auch eine Handvoll feinen Sand nehmen.

▷   Ein **Geschirrhandtuch** kann nützliche Dienste leisten, wenn man den Abwasch mal nicht in der Sonne trocknen lassen will oder kann oder wenn Dinge wie Eier eingewickelt oder gepolstert werden müssen.

▷   Empfehlenswert ist ein **faltbarer Wasserkanister** oder Wassersack, der einen gewissen Wasservorrat am Lagerplatz speichert, so dass man nicht für jede Tasse Kaffee erneut zum Wasserholen gehen muss.

▷   In Campinggeschäften gibt es eine **Küchenutensilienrolle** aus Stoff zu kaufen. Das ist eine Art zusammenrollbarer Werkzeugkoffer mit vielen kleinen Taschen, in dem Sie Ihre Küchen-Werkzeuge griffbereit aufbewahren können, besonders für die vielen Kleinteile eine gute Sache.

▷   Und vergessen Sie nicht die **Streichhölzer oder ein Feuerzeug**. Sie gehören untrennbar zu den Küchengeräten oder direkt zum Kocher. Wir kommen mit den billigen Einmalfeuerzeugen gut zurecht. Zur Sicherheit hat jeder noch eins in der Hosentasche. Streichhölzer vor Nässe schützen.

Kocher- grundsätzliche Eigenschaften

Es gibt zahlreiche Möglichkeiten, sich eine warme Mahlzeit zuzubereiten. Grundsätzlich ist man mit einem Kocher unabhängiger bei der Nahrungszubereitung. Man kann ihn praktisch überall und auch bei Regen anwerfen, braucht nicht erst Holz zu suchen, um Glut für ein gutes Kochfeuer zu erzeugen. Lagerfeuerromantik will dagegen rund um einen Kocher nicht so recht aufkommen. Unabhängig vom verwendeten Brennstoff sollte man bei einem brauchbaren Kocher auf folgende Punkte achten:

▷   Standfestigkeit
▷   Einfache Bedienung
▷   Regelbarkeit
▷   Windschutz
▷   Gewicht, Größe
▷   Tourentauglichkeit

▷   **Standfestigkeit:** Auch auf etwas unebenem Boden muss ein Kocher sicher stehen, wenn nicht ständig die Gefahr einer heißen Sturzwelle aus dem Suppentopf drohen soll.

▷   **Einfache Bedienung**: Ein Kocher sollte einfach und zuverlässig zu bedienen sein. Was nützt die größte Heizleistung, wenn man jedes Mal Stunden braucht, sie aus dem Kocher herauszukitzeln.

▷   **Regelbarkeit**: Ein leistungsstarker Kocher ist, besonders in kälteren Gebieten, wichtig. Er sollte aber auch über eine kleinere Brennstufe verfügen, sonst brennt das Essen jedes Mal an.

▷   **Windschutz**: Ein wirkungsvoller Windschutz erhöht die Heizleistung enorm. Bei einigen Kochern ist er bereits Bestandteil des Aufbaus, bei anderen ein Zubehör, meistens in Form eines faltbaren Aluminiumbleches. Sie können auch improvisieren (Wasserkanister, Isomatte, Rucksack, Sand- oder Steinwälle etc.).

Primus - Windschutz

▷   **Gewicht und Größe**: Natürlich wollen Sie einen leistungsstarken, sicheren, kompakt gebauten und leichten Kocher. Allen Wünschen wird keiner gerecht werden, aber Vergleichen lohnt sich. Drehen Sie die verschiedenen Modelle in der Hand hin und her. Untersuchen Sie Details auf Handhabbarkeit.

▷   **Tourentauglichkeit**: Ein Kocher wird täglich aus- und eingepackt und oft auf engstem Raum transportiert. Er sollte deshalb kompakt gebaut sein und keine sperrigen, abstehenden oder losen Teile enthalten, die abbrechen, verbiegen oder verloren gehen können. Je nach Tourcharakter steht der eine oder andere Punkt im Vordergrund, man wird Kompromisse schließen müssen.

▷   **Verbrauch**

Möglicherweise finden Sie Hinweise über die Höhe des Brennstoffverbrauches Ihres Kochers. Probieren Sie es trotzdem unter möglichst realistischen Bedingungen aus. Brennstoff ist relativ schwer, man sollte weder wesentlich zuviel noch zuwenig dabei haben.

🖐   Verwenden Sie einen Kocher nie im Zelt: Sollten Sie es schaffen, weder Zeltdach noch Zeltboden oder Moskitonetz in Brand zu setzen, besteht immer noch die Gefahr einer Kohlenmonoxid-Vergiftung: Man wird so wohlig schlapp und müde, ☞ Kochen bei Regen.

Gaskocher

Die kleinen, blauen Campinggas-Kartuschen hat jeder schon einmal gesehen. Inzwischen bekommt man sie in den meisten touristisch erschlossenen Gebieten. Sie sind nur etwas für wärmere Gegenden, bei Minusgraden lässt sich ihnen keine Flamme mehr entlocken.

Kraftvolles Kochen - Primus EtaPackLite

Inzwischen gibt es sehr leistungsstarke Gaskartuschen mit einem Gasgemisch aus Butan, Propan und Isobutan, die auch in der Kälte arbeiten (z.B. Powergas von Primus) und leichte Bedienbarkeit und "kraftvolles Kochern" vereinen. Sie weisen sogar ein Schraubventil auf, sodass man sie leicht vom Brenner trennen und verpacken kann.

Wirklich kraftvolle Kocher sind die Propangaskocher, deren Reichweite wohl aber wegen der schweren Gasflaschen auf Campingwagen oder feste Basislager beschränkt bleibt.

Spirituskocher

sind sehr einfach und sicher zu bedienen. Es gibt keine verstopften Düsen oder Teile, die unter Druck stehen. Die Flamme brennt sehr heiß, allerdings nicht bei Minusgraden.

Trangia Kocher (📷 Johannes Boll)

Den legendären schwedischen Sturmkocher Trangia gibt es als Komplettset mit zwei Töpfen, einem Wasserkessel und einer Bratpfanne. Inzwischen werden die Teile nicht nur aus Aluminium, sondern sogar aus Titan und antihaftbeschichtet hergestellt.

In Skandinavien sind Spirituskocher weit verbreitet, und man hat keine Probleme mit dem Brennstoffnachschub. In anderen Ländern kann das anders sein (in Apotheken gibt es allerdings immer Spiritus zu kaufen).

☺   Sollte die Flamme rußen, kann man ein Teelöffelchen Wasser mit zum Spiritus in den Brenner geben.

Benzinkocher

Benzin hat einen sehr hohen Energiegehalt und brennt auch im Winter ohne Probleme. Es ist nahezu auf der ganzen Welt verfügbar, obwohl man möglichst nur gereinigtes Benzin (sogenanntes "Waschbenzin", "weißes Benzin") oder wenigstens "Super bleifrei " verwenden sollte. Es verbrennt rückstandsfreier, was besser für Kocher und Gesundheit ist. Nicht überall ist die Benzinqualität hochwertig, Filtern, notfalls durch eine Kaffee-Filtertüte, kann hilfreich sein.

Eine äußerst praktische Sache bei Motorradtouren ist das Nachfüllen des Kochers direkt aus der Benzinleitung - verblüffte Zuschauer werden Ihnen sicher sein.

Benzinkocher sind sehr leistungsfähig und temperaturunabhängig. Sie bedürfen allerdings einer gewissen Pflege, und die Handhabung ist nicht ganz so einfach. Mittels einer kleinen Pumpe (bewegliches Teil: schmieren) wird das Benzin im Tank unter Druck gesetzt, über einem vorheizbaren Brennkopf vergast und schließlich über eine Düse verbrannt. Sie muss hin und wieder mit einer feinen Nadel gereinigt werden.

Nachfüllen eines Benzinkochers

Um den Druck im Tank erzeugen zu können, sollte er nur zu etwa Dreiviertel gefüllt werden, damit man den nötigen Luftdruck auch problemlos aufbauen kann.

Vorsicht! Wenn der Kocher noch kalt ist, kann sich eine Flamme bis 30 cm Höhe entwickeln. Eine gelbliche Flamme zeigt an, dass nicht genügend vorgeheizt wurde. Erhöht man den Druck ein wenig, wird die Flamme bald bläulich, klein und geräuschvoll. So ist es richtig. Jetzt müssen Sie nur noch darauf achten, dass der Druck nicht nachlässt - also je nach Bedarf ab und zu ein paar Stöße nachpumpen.

Vor einer längeren Lagerung muss der Tank geleert und das Restbenzin verbrannt werden, es besteht sonst die Gefahr, dass harzartige Ablagerungen beim nächsten Mal die Düsen verstopfen. Schützen Sie den Kocher vor Staub, und ölen Sie die Dichtungsringe mit heißem Waffenöl, Mehrzweck- oder Speiseöle zerfallen nach einiger Zeit und können verkleben.

Petroleumkocher
Diese Art von Kochern findet vor allem stationär in Haushalten der sogenannten Dritten Welt Verwendung. Auch hier gibt es inzwischen leistungsstarke rucksacktaugliche Modelle. Bei nicht regelmäßiger Benutzung kann Petroleum Leitungen und Düsen leicht verharzen.

Vielstoffkocher

Verschiedene Kocher lassen sich mit Benzin und Diesel, Petroleum oder Gas betreiben! Oft muss dazu nur die Düse ausgewechselt werden. Siehe MSR XKG II oder Primus multifuel.

Primus Omnifuel

Esbitkocher

werden mit Tabletten aus "Trockenspiritus" betrieben. Sie sind eigentlich nur eine etwa 90 g schwere Faltschachtel aus Blech, in die genau eine Packung Esbit-Brennstoff hineinpasst.

Die Verwendbarkeit beschränkt sich auf kurze Touren (um mal ein Süppchen oder Wasser für einen Kaffee heiß - nicht kochend - zu machen) oder als Notkocher für den Fall der Fälle. Die Flamme lässt sich nicht regulieren, Wind bläst die Flamme leicht aus, und der Brennstoff ist absolut trocken zu halten. Dafür wird er Ihnen mit Sicherheit nicht explodieren und verbrennt nahezu rückstandsfrei.

☺   Esbit eignet sich aber gut als Starter für ein Lagerfeuer, falls das nicht unter Ihrer Waldläufer-Würde ist. Eine Variante dazu ist die aus den USA stammende Camp Heat genannte Spirituspaste.

Die verschiedenen Treibstoffe im Überblick

Brennstoff	Brennwert (MJ/kg)*	Preis/Liter (ca.) in €	Eigenschaften
Campinggas (Propan/Butan)	49	20,56	leistungsstark aber kälteempfindlich
Powergas (Propan/Butan/Isobutan)	48	14,33	auch bei Kälte gute Leistung
Benzin (gereinigt)	47	3,95	weltweit verfügbar, guter Winterbrennstoff
Petroleum (Leichtöl, Lampenöl)	45	3,45	Guter Winterbrennstoff, engl. Paraffine oil, amerik. Kerosene
Spiritus (Ethanol)	29,7	2,45	in Skandinavien verbreitet, einfache Bedienung, aber kälteempfindlich
Esbit (Hexamethylen)	31,3	36,80	Festbrennstoff, nicht explosiv, eher geringe Leistung

* 1 MJ (Megajoule) = 1000 J

▷   Die flüssigen Brennstoffe transportiert man am besten in einer dafür vorgesehenen **Sicherheitsflasche**, aus der man auch bequem nachfüllen kann.

🖐   Vorsicht beim Nachfüllen. Alle Flammen löschen (ist ja klar), aber unbedingt auch alle Lebensmittel außer Reichweite bringen. Die Brennstoffe haben einen sehr intensiven Geschmack. Schon ein Spritzer in der Suppe macht das ganze Gericht ungenießbar.

Solarkocher

Solarkocher sind im Prinzip genial einfach konstruiert. Bewegliche Spiegel reflektieren das Sonnenlicht auf einen zentralen Punkt, in den man seinen Kochtopf stellt. Garzeiten sollen etwa denen eines "normalen Herdes" oder Backofens entsprechen.

Der GLOBAL SUN OVEN z.B. kann zum Transport wie ein Koffer zusammengeklappt werden. Er ist mit 9,25 Kg und Abmessungen von 38,5 x 56 x 48 cm sicher noch nicht für den Rucksack geeignet, aber durchaus bei einer Kanu-Tour oder in einem Basislager in sonnigen Gebieten vorstellbar. Eine interessante Entwicklung, 💻 www.solarverkauf.de.

Lagerfeuer

Das Kochfeuer zum Zubereiten von Nahrung wird in Europa nachweislich seit 200.000 Jahren entzündet. Wahrscheinlich ist es aber noch wesentlich länger in Benutzung. Und nun wissen Sie auch, weshalb wir es so schön finden, in die Flammen zu schauen - es liegt uns in den Genen.

Beim Kochen und Backen am Lagerfeuer sind einige Punkte zu beachten:

▷   Ein Feuer zu entfachen braucht Sorgfalt, Geduld und ein wenig Übung. Man muss einen geeigneten Platz suchen oder vorbereiten, Holz sammeln und zum Kochen wenigstens etwas glühende Kohle erzeugen. Es kann leicht eine Stunde vergehen, bevor man überhaupt mit dem Kochen anfangen kann.

▷   Tragen Sie genügend Brennmaterial zusammen, bevor Sie das Feuer starten.

▷   Legen Sie sich zunächst etwas **Zunder** bereit. Das können beispielsweise Fetzen von Birkenrinde (brennt sehr gut, selbst wenn sie nass ist), trockene Flechten und Tannenzapfen sein, oder Sie brechen sehr dünne, trockene, unten am Baum wachsende Fichtenzweige ab oder sammeln sie auf. Wenn all dies nicht vorhanden ist, können Sie auch mit einem Messer feine Späne von einem Zweig hobeln. Sein Sie dabei nicht zu sparsam, ausreichend Zunder erleichtert die Sache. Ist viel Regen auf Ihrer Tour zu erwarten, können Sie ein paar Stücke Esbit ("Trockenspiritus") dabei haben. Über den Zunder schichten Sie wenig dickere Zweige, entweder in Tipi-Form oder als quadratische/dreieckige Plattform übereinander. Achten Sie darauf, dass ausreichend Luft an das Feuer gelangt.

Plattformfeuer   *Tipifeuer*

▷   Nicht überall und zu allen Zeiten sind Lagerfeuer erlaubt. Zu viele **Waldbrände** sind schon durch die Feuer von "**Naturburschen**" ausgelöst worden. Nach den jeweiligen Bestimmungen muss man sich erkundigen und sie einhalten.

▷   Schon **bestehende Feuerstellen** sollten wiederverwendet werden. Das schont die Natur und gibt auch nachfolgenden Wanderern das Gefühl, in (fast) unberührter Wildnis unterwegs zu sein.

▷   Auf **Funkenflug** achten (Zelte, Waldbrandgefahr!). Gerade ein Kochfeuer braucht überhaupt nicht riesig groß und weithin sichtbar zu sein.

▷   Kein Feuer direkt auf dem Fels machen. Die obersten Felsschichten können abplatzen. Mit einer mindestens 4 cm dicken **Sandschicht als Zwischenlage** braucht aber niemand auf sein Feuerchen auf dem besonders malerisch gelegenen (oder ameisenfreien) Felsblock zu verzichten. Auch die Begrenzungssteine können platzen, möglichst niemals nasse Steine vom See- ufer verwenden.

Zunder und Holz

▷   Wer mit Klappspaten oder Messer **Grassoden** ausschtich und beiseite legt, kann in dem entstandenen Erdloch ein prima Feuer entfachen. Die Wald- brandgefahr wird gemindert. Am nächsten Tag kann man die Grassoden wie- der einsetzen und ordentlich wässern und schon ist von der Feuerstelle fast nichts mehr zu sehen.

▷   Das eigentliche **Kochfeuer** ist klein, man kann es als "Nebenstelle" am Rande des Lagerfeuers einrichten. Es besteht im Wesentlichen aus glühender Kohle.

▷   Man braucht Steine oder dicke Äste, auf die man den Topf einigerma- ßen standfest stellen kann. Mit Wasser getränkte Äste brennen nicht so schnell an. Sie eignen sich gut als Topf-Träger.

▷   Praktisch ist ein **Grillrost**. Er nimmt nicht viel Platz weg und lässt sich sicherer über dem Feuer platzieren. Man kann einen oder mehrere Töpfe gleichzeitig darauf stellen oder gar ein paar Fische grillen ☞ Forellen.

Gut organisiertes Kochfeuer

▷   Wer größeren Aufwand treiben will, kann - beispielsweise im Kanu - ein **Dreibein** aus Metall mitnehmen (oder aus Ästen bauen), um den Topf von oben ins Feuer hineinhängen zu lassen.

▷   Ein Feuer darf **nie unbeaufsichtigt** bleiben und muss vor jedem Verlassen des Lageplatzes zuverlässig mit Sand oder Wasser gelöscht werden!

▷   Beim Kochen auf Holzfeuer wird das Kochgeschirr außen stark rußig. Vor dem Ineinanderstellen der Töpfe sollte man sie mit Sand oder weißer Asche säubern, sonst hat man den (übrigens giftigen) Ruß schnell überall.

Tricks und kleine Kniffe

Schutz vor Mücken (© Peter Boll)

Das Kochen am heimischen Herd lässt sich nur bedingt mit Ihrer "**Feldküche**" vergleichen. Draußen behindern Regen oder Kälte, Dunkelheit oder Enge Ihre kochkünstlerischen Ambitionen. Sie haben mit fehlenden Kochlöffeln, nassem Feuerholz und einer immer geringer werdenden Auswahl an Zutaten zu kämpfen.

☺   Ein paar kleine Tricks und Kniffe können Ihnen dabei das Leben erleichtern:

▷   **Nehmen Sie sich Zeit**, beginnen Sie nicht erst in der Dämmerung oder völlig ausgepumpt damit, einen Lagerplatz einzurichten. Wenn Sie zu mehreren sind, teilen Sie die Arbeiten auf (Zeltaufbau, Wasser holen, Kocher einrichten etc.) Zu Beginn einer Reise werden Sie mehr Zeit benötigen als später, wenn jeder Handgriff sitzt.

▷   **Kochen Sie bewusst**. Ihre Erfahrungen müssen Sie selbst sammeln, aber Sie müssen nicht jedes Mal den gleichen Fehler begehen. Merken Sie sich: das war gut, das müsste man besser machen.

▷   Gehen Sie vor dem Kochen im Geiste durch, welche Dinge Sie wann brauchen, und **legen Sie alles bereit**. Es wäre doch zu schade, wenn Ihnen die Suppe anbrennt, nur weil Sie auf der Suche nach dem Käse waren und nicht umrühren konnten.

▷   **Sinnvolles Verpacken** in "Einheiten" erleichtert die Organisation. Was zusammen gebraucht wird, z.B. Töpfe und Topfgreifer oder Kocher und Feuerzeug, muss auch zusammen verpackt sein.

▷   **Zwiebeln schneiden** ohne Brett ist eigentlich ganz einfach: Schälen Sie die trockenen Häute der Zwiebel herunter, und nehmen Sie die Zwiebel in die hohle Hand. Beginnen Sie nun, mit einem scharfen Messer vorsichtig ein feines Karomuster in das obere Viertel der Zwiebel zu ritzen, je feiner, desto besser. Nun brauchen Sie die Zwiebel nur noch über Ihren Topf zu halten und feine waagerechte Scheiben abzuschneiden. Winzige, würfelförmige Zwiebelstückchen purzeln herunter. Ist das obere Zwiebelviertel abgetragen, beginnen Sie wieder mit dem Einritzen der Karos für die nächsten Lagen. Je näher Sie Ihrer Handfläche kommen, desto vorsichtiger sollten Sie arbeiten, das versteht sich von selbst. Natürlich lassen sich auf diese Art auch Käse oder Schinken würfeln.

▷   **Gefriergetrocknete Lebensmittel** schmecken prima, wenn man sie richtig behandelt. Sie müssen vor dem Kochen gewässert werden: Gemüse etwa eine halbe Stunde, Trockenfleisch oder -fisch kann man in das kalte Wasser für die Nudeln geben, Bohnen und Sojawürfel lässt man am besten ein paar Stunden ziehen.

▷   **Brennstoff sparen** können Sie, indem Sie Nudeln und Reis nur ein paar Minuten sprudelnd kochen lassen. Wenn die Temperaturen nicht zu frostig sind, können Sie den Topf dann vom Kocher nehmen und den Inhalt einfach ziehen lassen.

▷   Verwenden Sie immer **Deckel** und **Windschutz**. Der größere Topf kann (mit oder ohne Inhalt) auch Deckel für den kleineren sein. Aber Vorsicht! Beim Turmbau nicht leichtsinnig werden.

☺   Sollte der Kocher auch auf kleinster Stufe **zu heiß** sein, kann man den Deckel von einer Dose oder das Alu-Papier einer Schokoladentafel zwischen Kocher und Topf legen.

▷   Anbrennen muss die Suppe nicht, wenn Sie zunächst alles mit relativ viel Wasser kochen und erst zum Schluss die Nudeln dazu geben oder den Kartoffelpüree einrühren. **Achten Sie auf die Mengenverhältnisse!** Mit der Zeit werden Sie ein Gefühl dafür bekommen, wie viele Nudeln Sie brauchen, um aus einer wässrigen Suppe einen deftigen Eintopf zu machen.

▷   Markierungen im Topf können helfen, ein Gefühl für die Mengenverhältnisse zu bekommen.

▷   **Lassen Sie Ihren Topf besonders in der Endphase der Kochzeit nicht allein**. Bleiben Sie bei ihm und rühren Sie regelmäßig. Es wäre doch zu schade, wenn jetzt noch etwas anbrennen würde.

☺   **Kochen Sie so, dass möglichst keine Reste bleiben** - Sie könnten sonst über Nacht unliebsamen Besuch bekommen.

Tiere veranstalten nicht selten einen Höllenlärm, um an die Nahrungsreste heranzukommen (☞ wilde Tiere).

☺   **Reinigen Sie das Geschirr gleich nach dem Essen**, auch wenn das schwer fällt, frisch geht es viel leichter, als wenn erst alles angetrocknet ist. Und räumen Sie gleich ein wenig zusammen, denn es wird unaufhaltsam dunkel werden, und dann haben Sie Mühe, all den Kleinkram wiederzufinden.

Kochen unter erschwerten Bedingungen

Regen
Ein oder gar mehrere Regentage können einem ganz schön die Laune verderben. Umso wichtiger ist ein gutes Essen. Halten Sie für solche Tage kleine Besonderheiten bereit, mit denen Sie sich ablenken können.

Regenplane mit gespannter Leine zum Aufhängen der Utensilienrolle

🖐 Widerstehen Sie der Versuchung, im Zelt zu kochen. Nehmen Sie statt dessen einfache Hilfsmittel wie eine Plane mit, die Sie über Ihre Kochstelle spannen können. Geschickterweise wird sie schräg aufgespannt, dann kann auf der einen Seite das Regenwasser herunterlaufen und auf der anderen Seite der "Kochdunst" nach oben entweichen. Gleichzeitig haben Sie einen Windschutz.

☺ Der Kocher wird auch im Regen brennen, es steht ja der Topf oben darauf. Wichtiger ist, dass die Plane groß genug ist, Ihnen mitsamt allen Kochutensilien Schutz vor der Nässe zu gewähren. ☞ Verpackung. Wenn Sie Ihre Utensilienrolle an einem zweiten Seil unter der Kochplane aufspannen, haben Sie alle Kleinteile griffbereit und trocken und müssen nicht im nassen Waldboden danach suchen.

Dunkelheit

☺ Kochen im Dunkeln ist schwierig. Es ist ja nicht immer Vollmond oder sternenklare Nacht. Und selbst dann können Sie nicht sehen, ob Sie nun Zucker oder Knoblauchpulver oder Salz in die Suppe rühren.

▷ Schon ein kleines **Licht** schafft Abhilfe. Festliches Kerzenlicht eignet sich allerdings nur für ganz windstille Tage. Besser sind die robusten Gartenkerzen mit dickem Docht. Oder Sie wickeln eine Seite aus dem Tagebuch um Ihr Teelicht - gibt gemütliches Laternenlicht.

▷ Hell leuchten benzin- oder gasbetriebene **Glühstrumpf-Lampen**.

▷ Oder Sie verwenden die praktischen **Stirnlampen**. Sie müssen nur ausreichend Batterien oder Akkus mitnehmen.

▷ Auch eine gewisse **Ordnung** erleichtert das Kochen im Dunkeln. Dinge, die ihren festen Platz haben, kann man leicht ertasten. Muss man sie zwischen allen Sachen erst suchen, hat man praktisch keine Chance.

Winter

Es ist ein Erlebnis an einem sonnigen Wintertag mit Skiern oder Schneeschu-
hen im glitzernden Schnee unterwegs zu sein. Wer jetzt draußen campieren
will, muss wirklich gut vorbereitet sein.

Mit der untergehenden Sonne sinken nicht nur die Temperaturen (manch-
mal weit unter den Gefrierpunkt), sondern es wird auch noch früh dunkel, so
dass man unter Umständen sein Abendessen in tiefster Nacht zubereiten
muss.

Winterlager

Nahrung

Durch die Kälte brauchen Sie wesentlich mehr Kalorien als im Sommer. Erhö-
hen Sie den Fettanteil der Nahrung auf etwa 30 % der Gesamtkalorien (
Tagesration). Pfannengerichte mit Speck und Bratwurst sind gerade recht.

Im Winter haben Sie keine Probleme, Ihre Nahrung vor dem Verderben zu
bewahren. Dafür kämpfen Sie mit steinhart gefrorenem, bröckelndem Käse,
der wie Kerzenwachs schmeckt und einem Wasserkanister, in dem morgens
die Eiswürfel fröhlich vor sich hin klimpern und die Öffnung verstopfen - vor-
ausgesetzt, es gibt überhaupt noch flüssiges Wasser.

Kocher und Windschutz

Mit fallenden Temperaturen wird es immer schwieriger, einen Kocher zu betreiben. Einige Treibstoffarten funktionieren gar nicht mehr (Gaskartuschen), andere muss man am Körper oder im Schlafsack ein wenig vorwärmen (Spiritus).

Für den Winter eignet sich ein Benzinkocher am besten. Aber auch dieser braucht wesentlich länger, um das Spaghettiwasser zum Kochen zu bringen. Sie benötigen mindestens doppelt so viel "Sprit" wie im Sommer.

Von größter Bedeutung ist daher ein guter Windschutz für den Kocher und am besten auch gleich für die kochenden Personen. Man kann den Kocher tief in den Schnee eingraben, um den Wärmeverlust zu minimieren. Denken Sie aber daran, eine feste Unterlage zu schaffen. Je nach Kochermodell kann es genügen, den Schnee gut festzutrampeln, oder man muss ein Brett unterlegen, um zu verhindern, dass der Kocher sich in den Untergrund einschmilzt.

Gefrorene Flüssigkeiten

Wenn Sie Ihr Trinkwasser aus Schnee gewinnen wollen, ballen Sie ihn im Topf fest zusammen, oder benutzen Eis. Sie werden staunen, wie wenig Wasser in einem locker mit Schnee gefüllten Topf steckt.

Die Eisbildung in einer Flasche beginnt am Flaschenhals, wo die Flüssigkeit mit Luft in Berührung kommt. Wenn Sie Flaschen mit dem Verschluss nach unten lagern, minimieren Sie die Gefahr eines festgefrorenen Deckels, den Sie mit Sicherheit nicht mehr öffnen könnten. Vorsicht, Eis hat ein größeres Volumen als Wasser und bringt Flaschen zum Platzen. Bei tieferen Temperaturen gefrieren auch Säfte oder kohlensäurehaltige Getränke.

Arbeiten Sie mit bruchsicheren Thermosflaschen. Man kann Tee, Kakao oder eine Suppe darin warm halten, aber auch einfach nur Wasser frostsicher transportieren.

Geschirr

Bei großer Kälte (ab etwa -10°C) werden einige Kunststoffe spröde und zerspringen unter Beanspruchung. Das gilt insbesondere auch für Messergriffe. Machen Sie mit Ihren Tassen und Tellern den Tiefkühltruhen-Test! Und Vorsicht! Aluminium "klebt" in der Kälte an der ungeschützten Haut.

*Vorsicht beim Kochen mit
Handschuhen!*

Der Abwasch

In der Kälte können Bakterien sich nicht vermehren. Das heißt allerdings nicht, dass keine vorhanden sind (z.B. im Wasser). Sie beginnen mit der Vermehrung sofort wieder, wenn angenehmere Temperaturen herrschen. Ein Mindestmaß an Hygiene sollten Sie deshalb auch im Winter walten lassen. Solange Sie immer Ihr eigenes Geschirr benutzen, mag es genügen, Teller und Tasse mit Schnee abzureiben und nur hin und wieder einmal mit heißem Wasser zu reinigen.

☺   Für alle Arbeiten mit Flüssigkeiten sind baumwollgefütterte Gummihandschuhe praktisch, die es in jedem Haushaltsgeschäft zu kaufen gibt.

Kalte Füße

Es hilft, wenn Sie sich eine Isomatte unter die Stiefel legen, während Sie darauf warten, dass das Wasser kocht. Wollen Sie sich hinsetzen, nehmen Sie ruhig zwei Isomatten übereinander. Und Ihren Schlafsack hängen Sie sich über die Schultern.

Besondere Gefahren

Ihre vielschichtige Winterkleidung isoliert nicht nur gegen Kälte, sondern auch gegen die Hitze des Kochers oder Feuers. Vorsicht, vielleicht merken Sie gar nicht, dass Sie schon brennen! Wenn Sie Benzin oder Spiritus nachfüllen wollen, ziehen Sie Handschuhe an. Schon im Sommer können Sie die Verdunstungskälte dieser Stoffe auf der Haut spüren, im Winter können Sie Erfrierungen davontragen.

Wintertrekking, von Dietmar Heim und Dirk Klawatzki, OutdoorHandbuch Basiswissen für draußen Band 70, ISBN 978-3-89392-170-6, € 6,90

Schutz vor wilden Tieren

Sie werden sich vor Ihrer Tour informieren, welche Tiere für Sie wichtig werden könnten. Befolgen Sie Ratschläge und Anweisungen.

Eisbärenspur

▷   Teilen Sie die Landschaft mit **Bären**, lassen Sie besondere Vorsicht walten, um die Tiere nicht auf Campernahrung zu dressieren - Bären lernen schnell und finden alles lecker, was Sie im Rucksack tragen. Widerstehen Sie auch der Versuchung, Buschmesser und Hände in der Hose abzuwischen, weil sie dann so schön nach Freiheit und Abenteuer riecht. Für Bären und Fliegen riecht sie einfach nur essbar.

▷   Zu den wilden Tieren, die Ihnen zu schaffen machen könnten, zählen nicht nur Bären. Auch Fliegen kennen häufiger benutzte Camp-Stellen. Lassen Sie Lebensmittel grundsätzlich nicht offen herumliegen, schon gar nicht über Nacht. In Amerika kann es sein, dass Sie am nächsten Morgen einem Waschbären gegenüberstehen, der Sie angriffslustig anfaucht und erst das Weite sucht, wenn Sie mit einem handfesten Knüppel Ihr Essen zurückerobern wollen.

Streunende Hunde und **Katzen** gibt es zahlreich in vielen Ländern. Sie werden vornehmlich in der Nacht ihren Lagerplatz untersuchen und "Brauchbares" mitnehmen. Auf diese Weise verloren wir in Griechenland einst eine vorzügliche Salami (mindestens 300 g) an eine Katze.

▷   Andere wilde Tiere sind **Ameisen** und **Mäuse**. Ameisen kommen fast überall hin, selbst kleine Inseln sind oft von ihnen bevölkert. Mäuse lieben es, in die Vorratssäcke hineinzukriechen, um dort in aller Ruhe von allem zu probieren. Sie schrecken auch nicht davor zurück, sich durch Zeltboden, wasserdichten Packsack und Plastikverpackung zu nagen. Man würde ihnen ja etwas gönnen, leider hinterlassen sie aber auch gleich überall ihre Fäkalien.

☺   Abhilfe schafft eine Schnur (nicht zu dick), die über mindestens drei Meter zwischen zwei Bäumen gespannt wird. Schön in die Mitte kann man nun seinen Vorratsbeutel hängen.

Umweltschutz - die wichtigsten Benimmregeln

Müll in Afrika

Haben Sie auch schon einmal einen traumhaften Lagerplatz entdeckt, auf einer Halbinsel etwa, die sich weit in den See hineinzog, oder auf einer Anhöhe unter lichten Bäumen mit einem sagenhaften Blick über die Landschaft?

Und trat dann Ernüchterung und Wut ein, als Sie sich niederlassen wollten? Glasscherben und Kronenkorken, zerdrückte Dosen und mindestens zehn Feuerstellen. Reste abgeknickter Bäume trocknen traurig vor sich hin, die empfindliche Bodenschicht aus weichem Moos und Blumenpolstern ist zertreten und in den Büschen ringsum Klopapier, Taschentücher und Schlimmeres - alles Hinterlassenschaften von Menschen, die vorgaben, die Natur zu lieben.

Machen Sie es besser! Befolgen Sie ein paar einfache Benimmregeln für das Verhalten in der Natur, denn in den allerwenigsten Gebieten sind Sie wirklich als Einziger unterwegs.

Wir beschränken uns hier auf die wichtigsten Regeln im Zusammenhang mit dem Kochen. Natürlich sollen Sie sich auch sonst so benehmen, dass keine Schäden entstehen.

Abfälle

▷   **Essensreste, organische Abfälle ("Biomüll")** und auch **menschliche Abfälle** werden vergraben. Nicht zu tiefes Eingraben fördert eine schnelle Kompostierung, verleitet aber Tiere auch dazu, es wieder auszugraben. Größere Mengen Abfall werden auf mehrere kleinere Gruben verteilt. Auch Zigarettenkippen sind Abfall und sollten vergraben oder verbrannt werden.

▷   Die Grube sollte unbedingt einen **Abstand von mindestens 10 m zum Wasser** haben. Damit ist gewährleistet, dass die Filterwirkung der Erde auch bei starkem Regen noch ausreicht, um keine Reststoffe ins Gewässer gelangen zu lassen.

▷   Im **Dauerfrostboden** der Arktis hat das Vergraben keinen Sinn: Durch die Bodenbewegung kommt alles wieder an die Oberfläche und abgesehen davon würde die Zersetzung Jahrzehnte dauern. Einzige Alternative: was nicht verbrannt werden kann, muss wieder mitgenommen werden!

▷ Lassen Sie keine **Nahrungsmittelreste** in der Meinung liegen, irgendwelche wilden Tiere werden sie schon fressen. Sicher werden Tiere kommen und die Reste fressen. Und sie werden ihre Freunde mitbringen. Und wenn die nichts Essbares mehr finden, werden sie vielleicht rabiat. Und wenn es nur Schmeißfliegen sind, die sich den Lagerplatz zum Revier erkoren haben und nur darauf lauern, zu Hunderten über Ihre Lebensmittel herfallen zu können (☞ wilde Tiere).

▷ Nehmen Sie Ihren **Müll** wieder mit, vielleicht ja sogar auch den Ihrer nachlässigen Vorgänger. Dosen können Sie ausbrennen und zusammendrücken. Sie nehmen dann kaum noch Platz weg. Papier können Sie verbrennen, Plastik dagegen nicht. Die Gase sind giftig und stinken. Die geschmolzenen Rückstände verkleben und verunstalten jede Feuerstelle auf lange Zeit. Bedenken Sie: Wenn sowieso schon überall etwas herumliegt, sinkt die Hemmschwelle.

▷   Denken Sie schon beim Einkaufen und Verpacken an den Müll. Mit etwas Geschick transportieren Sie Ihre Dinge so, dass gar kein Müll anfällt (☞ Einkauf & Verpackung).

Abwaschen, Waschen, Körperpflege

▷   Wascharbeiten sollten Sie **nie direkt im oder am Gewässer** erledigen. Holen Sie sich einen Topf voll Wasser an Land, und reinigen Sie ihre Gegenstände und sich selbst dort. Lassen Sie kein Abwaschwasser und kein Waschwasser direkt in den See oder den Fluss gelangen (auch keine Bioseife), sondern nutzen Sie die Filterwirkung des Erdreiches.

▷   Entsprechendes gilt natürlich auch für Ihre **Brennstoffe**: sie dürfen nicht ins Erdreich und auf gar keinen Fall ins Wasser gelangen.

▷   Die **Fäulnisprozesse**, die die Abfälle auslösen, entziehen dem Gewässer Sauerstoff. Ein Camper an einem großen See richtet sicher keinen großen Schaden an, aber wenn mehrere Gruppen entlang der Seeufer (wie z.B. im sommerlichen Südschweden, in Masuren oder in den nordamerikanischen Nationalparks) sich nicht um Reinhaltung der Gewässer bemühen, ist der See eben nicht mehr glasklar. Algenmatten bedecken den Boden, und in einigen geschützten Buchten hat das Wasser bereits einen fauligen Geruch. Das können Sie doch nicht wollen!

Fällen von Bäumen und andere Schäden

Das Abschneiden von grünen Zweigen oder gar das Fällen von Bäumen gehört sich nicht. Bedenken Sie, dass Sie hier lediglich ein paar Tage Ihre Ferien verbringen. Ein Baum dagegen braucht Jahre und Jahrzehnte, um "Baumgröße" zu erreichen. Außerdem brennt frisches Holz sowieso nicht gut. Sie müssen sich für Ihr **Brennholz** oder Ihre Grillspieße schon bücken und abgestorbene Zweige vom Boden aufsammeln. Und selbst das hat in häufig besuchten Gebieten sichtbare und nachhaltige Wirkung: der Boden ist wie leer gefegt und keimende Pflanzen und Kleinstlebewesen, die für den natürlichen Kreislauf wichtig sind, finden keinen Schutz mehr. Sie sollten an solchen Stellen auf ein Lagerfeuer verzichten. Weitere wichtige Verhaltensregeln am offenen Feuer ☞ Lagerfeuer

Verhalten Sie sich so, dass auch Ihre Nachfolger noch einen traumhaften Lagerplatz in intakter, unberührter Natur vorfinden.

How to shit in the woods (Wie man im Wald sch...), von Kathlees Meyer, OutdoorHandbuch, Band 103, Basiswissen für draußen, ISBN 978-3-86686-103-9, € 7,90

Rezepte

Die wichtigste Regel: Es gibt keine Regeln. Erlaubt ist alles, und bei von vornherein beschränkten oder schrumpfenden Beständen führen Fantasie und Experimentierfreude zu den schmackhaftesten Outdoor-Gerichten.

☺   Achtung: Versuchen Sie aber auf keinen Fall, Ihre Wildniskreationen am heimischen Herd nachzukochen. Sie werden sich nicht erklären können, weshalb ausgerechnet diese "Pampe" unterwegs so lecker war.

Natürlich schmecken frische Zutaten besser als getrocknete oder pulverisierte. In den folgenden Rezepten wird zwischen frisch oder getrocknet nicht weiter unterschieden.

Wenn Sie frische Lebensmittel haben, nehmen Sie natürlich diese, wenn Sie statt Eiern aber nur Eipulver haben, dann streuen Sie eben das Pulver in Ihren Topf. Und sollte Ihnen keines von beidem zur Verfügung stehen, lassen Sie diese Zutat ganz weg. Die Mahlzeit wird dann vielleicht anders schmecken, aber nicht unbedingt schlechter.

Am Morgen

Das Frühstück soll einerseits schnell zubereitet sein, andererseits aber auch Kraft für den Tag geben, denn die nächste richtige Mahlzeit wird erst wieder das Abendessen sein.

Nach meinen Erfahrungen stellen sich auch Morgenmuffel, die normalerweise wenig oder gar nichts frühstücken, in ein paar Tagen um. Die körperliche Arbeit und ein ganz anderer Tagesablauf als zu Hause machen es möglich.

Müsli

ist das klassische Wandererfrühstück aus der Schweiz. Es ist nahrhaft und enthält so gut wie kein Wasser. Das macht es leicht und haltbar. Die Grundlage besteht aus Getreideflocken, die je nach Geschmack mit Nüssen, getrockneten Früchten, Cornflakes etc. angereichert sind.

Es gibt Hunderte von Varianten. Falls Sie sich nicht selbst etwas zusammenmischen wollen, nehmen Sie Vollkornmüslis und achten Sie darauf, dass

Variationen bringen Abwechslung in den Speiseplan

sie nicht zu süß sind. In diesem Fall kann man sie mit (Vollkorn-) Haferflocken strecken und dann lieber nach Bedarf Zucker oder Schoko-Bröckchen hinzufügen.

Achtung! Auch hier gilt: Lieber vorher ausprobieren. Auf einer unserer Paddeltouren in Schweden, weitab aller Nachschublinien, stellte sich heraus, dass das immerhin schon zehnjährige Töchterchen auf die "getrockneten Erdbeeren" im Müsli mit knallroter Haut reagierte. Diese "Früchte" bestanden wohl eher aus Farb- und Aromastoffen. So begannen die Tage regelmäßig mit dem netten Gesellschaftsspiel "Müsli-Sortieren".

☺   Traditionell isst man Müsli mit Milch(-pulver). Es schmeckt natürlich auch mit Kakao oder sogar mit Obstsäften oder einer Kaltschale.

▷   **Früchtemüsli:** Frisch hineingeschnittene Früchte (Äpfel, Erdbeeren, Blaubeeren, nach Saison und Verfügbarkeit) machen das Frühstück zu einer Köstlichkeit.

📖   Essbare Wildpflanzen, von Hartmut Engel & Iris Kürschner, OutdoorHandbuch Basiswissen für draußen Band 5, 134 Seiten, 78 Illustrationen, 84 farbige Abbildungen, Conrad Stein Verlag, ISBN 978-3-86686-005-6, € 8,90

▷   Müsli als warme Mahlzeit: Mit warmer Milch zubereitet erhält man eine sehr sättigende Mahlzeit Marke Babybrei. Wem das noch nicht reicht, der kann noch einen Esslöffel Öl oder einen Schlag Margarine hinzufügen.

Müslifrühstück

▷   Verschiedene Müslisorten erhöhen die Abwechslung. Neue Geschmacksnoten können Sie durch die Zugabe von Zimt oder (ganz wenig) Kardamom erzeugen.

Schnelle Frühstückszubereitung

☺   Müsli muss trocken und "knackig" sein, sonst schmeckt es nicht. Bewahren Sie es am besten in einer Plastikdose mit Schraubverschluss auf (☞ Verpackung).

Eier mit Speck
Zutaten:

  Ei
  durchwachsener, geräucherter Schinken oder Speck
  Fett
  Zwiebel
  Knoblauch
  Gewürze (Pfeffer, Paprika, Petersilie, Dill)

▷   **Auf die einfache Art:** Den gut durchwachsenen geräucherten Schinken in Würfel schneiden und in der Pfanne mit etwas Öl oder Margarine anbräunen. Die Eier in einer Tasse verquirlen und unter Rühren zum Schinken geben. Man kann sie auch gleich - bei kleiner Flamme - in die Pfanne schlagen und verrühren, das spart eine Tasse beim Abwasch. Nach

Geschmack mit Pfeffer, Paprika und Kräutern (z.B. Schnittlauch und/oder Petersilie oder Basilikum) würzen. Salz braucht man meistens nicht, weil der Schinken salzig genug ist.

▷   **Gehobene Ausstattung:** reichlich klein geschnittene Zwiebeln oder Knoblauchzehen (wir sind ja in der Wildnis) mit dem Schinken zusammen anbraten. Wer hat, kann das Ganze auf Brot oder Brötchen servieren - vielleicht am Abend vorher gebacken? (☞ Backen), aber merke: In der Not schmeckt der Speck auch ohne Brot.

▷   **Für Ästheten:** Schinkenspeck in dünne Scheiben schneiden, mit etwas Öl oder Margarine knusprig braun braten, aus der Pfanne nehmen und in einem Topf warm stellen (z.B. über dem Topf mit dem heißen Kaffeewasser - Deckel nicht vergessen).

Nehmen Sie die braunen Reste vom Schinkenspeck aus der Pfanne, geben Sie evtl. frisches Öl dazu und schlagen Sie die Eier in die Pfanne.

Decken Sie die Pfanne mit einem Deckel zu, die Wärme verteilt sich dann gleichmäßiger, besonders an windigen Tagen. Würzen nicht vergessen (Salz, Pfeffer, Paprika, Kräuter, s.o.). Nach wenigen Minuten haben Sie ein echtes Spiegelei zu Ihrem Bacon. Falls Sie nun auch noch Brötchen im Gepäck führen, können Sie diese halbieren, die Eier in der Pfanne ein wenig an den Rand schieben und die Brötchen mit den Schnittflächen nach unten für eine halbe Minute (mit Deckel) mitbraten. Dann müssen Sie nur noch Brötchen, Schinken und Ei übereinander schichten - und hineinbeißen.

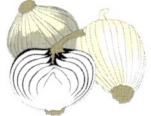

Pfannkuchen

Der Teig zum Experimentieren! Je nach Geschmack können Sie ein süßes oder deftiges Frühstück zaubern.

Zutaten für 3 Pfannkuchen:

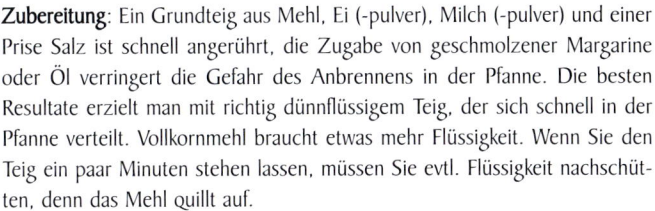

       1 Ei

       100 g Mehl

       150 ml Milch

       1 EL Öl oder Margarine

       1/4 Teelöffel Salz

Süß: Zucker, Vanillezucker, Zimt, Marmelade, Früchte nach Geschmack.

Deftig: Zwiebeln, Schinken, Salami, Käse, Pfeffer und Paprika.

Zubereitung: Ein Grundteig aus Mehl, Ei (-pulver), Milch (-pulver) und einer Prise Salz ist schnell angerührt, die Zugabe von geschmolzener Margarine oder Öl verringert die Gefahr des Anbrennens in der Pfanne. Die besten Resultate erzielt man mit richtig dünnflüssigem Teig, der sich schnell in der Pfanne verteilt. Vollkornmehl braucht etwas mehr Flüssigkeit. Wenn Sie den Teig ein paar Minuten stehen lassen, müssen Sie evtl. Flüssigkeit nachschütten, denn das Mehl quillt auf.

Die speziellen Zutaten geben Sie am besten gleich in den angerührten Teig, sie lassen sich so schön gleichmäßig untermischen. Marmelade und Früchte können Sie natürlich auch auf den fertigen Pfannkuchen streichen.

Geben Sie etwas Fett in die Pfanne und erwärmen es (nicht zu heiß werden lassen). Bei mittlerer Hitze werden die Pfannkuchen am besten. Die Verwendung eines Deckels beschleunigt das Verfahren und garantiert eine gleichmäßigere Bräunung. Da die Campingpfannen sowieso relativ klein sind, bräunen Sie immer nur einen Pfannkuchen pro Pfanne. Sollte er zu dick geraten sein, können Sie ihn einmal wenden. Vor jedem neuen Pfannkuchen überprüfen Sie den Fettgehalt in der Pfanne und geben bei Bedarf etwas neues Fett hinzu - es ist kaum zu glauben, wie viel Öl so ein Teig aufsaugen kann.

☺   Im Frühsommer (Ende Mai bis Juni) können Sie die weiß blühenden Holunderblüten als besondere Note mit einbeziehen: Schneiden Sie pro

Pfannkuchen eine passende Dolde ab, schütteln Sie die Insekten (die übrigens auch sehr nahrhaft sind, siehe Sir Vival Nehberg) heraus, und spülen Sie die Blüten ein wenig ab. Geben Sie nun den Teig für einen Pfannkuchen in die Pfanne, und tauchen Sie die Holunderdolde einfach kopfüber in den Teig. Die Stängel ragen nach oben heraus. Wenn der Teig fest geworden ist, zieht man die Dolde vorsichtig ab und kann einen Pfannkuchen mit zitronig-süßem Holunderblütenaroma genießen.

Fertige Pfannkuchen können in einem Topf gesammelt werden - warm halten am Feuer, über dem heißen Kaffeewasser oder im Schlafsack.

▷   **Für Schleckermäuler:** Gießen Sie Sirup (Honig oder Marmelade geht auch) in einen Topf und geben noch einmal die Hälfte Margarine hinzu. Besonders aromatisch wird diese Mischung mit etwas Zimt. Erhitzen Sie das Ganze unter eifrigem Rühren, bis es kurz vorm Kochen ist - mit dieser Mischung können die Pfannkuchen bestrichen werden.

☺   Die wirklich gelungenen dünnen Pfannkuchen kann man zusammenrollen und für einen Snack unterwegs bereithalten, sie schmecken auch kalt.

Toast

Brot und Brötchen

"Zu einem ordentlichen Frühstück gehören Brot und Butter."

Es folgen ein paar Tipps für diejenigen, die auf ihr Frühstücksbrot nicht verzichten wollen:

▷   Brot schmeckt frisch am besten. Man kann die Zutaten mitnehmen und sich sein Brot selbst backen (☞ Backen).

▷   Grundsätzlich schmecken dunkle Brotsorten länger gut als helle. Sie haben außerdem auch einen höheren Nährwert. Allerdings ist ein Laib Schwarzbrot durch seinen höheren Feuchtigkeitsgehalt relativ schwer und daher für längere Rucksacktouren sicher nicht geeignet.

▷   Knäckebrot enthält zwar kaum noch Wasser, zerbröselt Ihnen dafür aber mit Sicherheit früher oder später.

▷   Ein guter Kompromiss ist Toastbrot. In seiner Plastiktüte hält es sich ein paar Tage, und man kann es vielseitig einsetzen.

Das gleiche gilt für Fladenbrot oder Pita, das es ebenfalls in dünnen Scheiben abgepackt zu kaufen gibt. Es hält sich auch im Sommer etwa zwei Wochen (evtl. in einem griechischen oder türkischen Lebensmittelgeschäft nachfragen, dort gibt es das Original). Etwas Ähnliches heißt in Norwegen "Polarbrot".

▷   **Klassischer Toast**: Eine ganze Tüte voller Toastbrot, aber den Toaster nicht dabei? Kein Problem, man kann die Toastscheibe auch in der Pfanne goldbraun und knusprig werden lassen, ohne Fett und angebrannte Kanten zu riskieren.

Zubereitung: Stellen Sie die kalte, nicht gefettete Pfanne auf den Kocher oder aufs Feuer. Mittlere Hitze. Verteilen Sie etwa 1/4 TL Salz gleichmäßig in der Pfanne, und legen Sie das Toastbrot darauf.

Es wird schnell goldbraun, ohne zu verbrennen. Und das Salz bleibt in der Pfanne, so dass Sie Ihren Frühstückstoast nun getrost mit Honig oder Marmelade bestreichen können.

▷   **Gebratenes Brot**: Vierteln Sie die Toastbrotscheiben (andere Brotsorten gehen auch,) und erhitzen Sie Fett in der Pfanne. Geben Sie die Toast-
stücke hinein, und braten Sie sie goldbraun. Mit Salz, Pfeffer und Kräutern
bestreuen - fertig. Das schmeckt auch noch, wenn das Brot schon ein bisschen alt geworden ist.

▷   **Gebackenes Brot**: Verquirlen Sie 1 bis 2 Eier, und geben Sie etwas
Salz und Pfeffer dazu. Diese Mischung verstreichen Sie auf der Toastbrot-
scheibe und braten das Ganze in einer gefetteten Pfanne bei mittlerer Hitze.
Am Besten mit Deckel. Wenn das Ei geronnen ist, können Sie die Scheibe mit
Käse garnieren oder sogar etwas Süßes drüberstreuen.

▷   **Mit Käse überbacken**

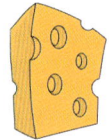

Zutaten:
        Fladenbrot oder Toast
        Schinken
        Käse

Zubereitung: Braten Sie eine dünne Scheibe Schinken und nehmen ihn aus
der Pfanne. In das Fett legen Sie einen halbierten Fladen oder eine Scheibe
Toastbrot. Auf das Brot legen Sie den Schinken, darüber eine Scheibe Käse.
Verschließen Sie die Pfanne jetzt mit einem Deckel, nach etwa einer halben
Minute wird der Käse geschmolzen sein. Legen Sie auf den Käse schnell die
andere Hälfte des Fladen oder eine zweite Scheibe Toast - fertig ist das Frühstück.

Nudeln
zum Frühstück?

Als wir 1982 in Polen unterwegs waren und eingeladen wurden, servier-
te man uns in Milch gekochte (süße) Nudeln zum Frühstück.
Zugegeben, diese Variante der Nudel kannten wir bis dahin noch nicht,
aber satt wurden wir allemal. Ein selbst im damaligen Polen preiswertes, leicht
zu beschaffendes und schnelles Frühstück.

Schmackhafte Getränke

▷   **Filterkaffee**: Wer auf seinen gefilterten Morgenkaffee nicht verzichten kann, sollte einen metallenen Filter mitnehmen (gibt es bei den Haushaltswaren). Man gibt das Kaffeepulver direkt hinein, spült ihn nach Gebrauch einfach aus und spart sich die Filtertüten.

▷   **Cowboykaffee**: Geben Sie das Kaffeepulver direkt in einen Topf (ist leichter zu reinigen als der Kessel), und zwar reichlich (ca. 1-2 EL pro Tasse).

Mit der entsprechenden Menge Wasser wird das Ganze kurz aufgekocht, umgerührt und noch einmal kurz aufgekocht. Nun nimmt man den Topf vom Feuer und wartet 1-2 Minuten, bis sich das Kaffeepulver am Boden abgesetzt hat (anschließend können Sie noch versuchen, aus dem Kaffeesatz das Wetter für den kommenden Tag herauszulesen).

Kaffeekessel

☺   Besonders geeignet für diese Anwendung ist griechischer oder türkischer Mokka, ein ganz fein gemahlenes Pulver, das man auch nicht so hoch dosieren muss.

▷   Praktischer sind die **Instant-Kaffees**. Es gibt inzwischen so viele Sorten, dass Sie bestimmt an der einen oder anderen Gefallen finden können. Kaufen Sie aber nicht die Portionspackungen, die hinterlassen Berge von Müll, mit einem Beutelchen pro Becher kommen Sie sowieso nicht aus.

☺   Mit einer Prise Zimt oder ein paar (selbst geschnitzten) Schokoraspeln lassen sich leicht besondere Geschmacksnoten erzeugen.

Natürlich können Sie auch **Tee, Kakao** oder etwas ganz anderes zum Frühstück trinken. Grundsätzlich gilt: Ein warmes Getränk am Morgen ist auch in warmen Ländern bekömmlicher und wenn es nicht in allzu großer Eile getrunken wird, erhöht es Ihre Leistungsfähigkeit für den Tag.

☺   **Teebeutel** sind praktisch. Laut Gebrauchsanweisung soll ein Beutel in eine Tasse. Man kann aber ohne Geschmacksverlust gut auch zwei oder drei Beutel für einen ganzen Topf voll Wasser verwenden. Das spart Material und hat den Vorteil, dass verschiedene Geschmacksrichtungen gemischt werden können.

Mittagspause

Die Mittagspause unterwegs ist eine wohl verdiente Ruhepause, die der Körper zur Erholung von den meistens ja doch etwas ungewohnten Anstrengungen braucht. Man sucht sich ein sonniges oder schattiges Plätzchen, lüftet die Füße ein wenig und hat Muße, einen Blick in die Umgebung zu werfen.

Am allerwenigsten hat man jetzt Lust, den ganzen Kochkram hervorzuwühlen, ein Essen zu brutzeln und hinterher auch noch alles wieder zu säubern. Man wird sich deshalb beim Mittagsmahl auf einen kleinen Imbiss beschränken und die Kochorgie auf den Spätnachmittag oder Abend verschieben. Trotzdem sollen Ihnen natürlich nicht vor Hunger die Beine zittern.

Nehmen Sie die folgenden Vorschläge als Anregungen. Wichtig ist, dass Sie Ihr Mittagessen griffbereit verpackt haben und dass es einfach und schnell zu verteilen ist.

Vesperbrot

▷   Die traditionelle "Stulle" für unterwegs. Man kann das Brot schon beim Frühstück schmieren, oder sich erst jetzt frisch zubereiten. Hartkäse und "Dauerwurst", z.B. Salami, laufen auch bei Hitze nicht so schnell davon. Noch bequemer sind Wurst oder Käse aus der Tube.

Unterwegs entwickeln sich die merkwürdigsten Dinge zu wahren Rennern unter den Nahrungsmitteln. Man kann nie voraussagen, was es sein wird, z.B.

Sardellenpaste: Wir aßen sie morgens, mittags und abends als Brotaufstrich, zum Käse, in Reis oder Nudeln und auch schon mal pur direkt aus der Tube.

☺   Rosinen-, Früchte-, Zwiebel - oder Schwarzbrote schmecken "saftiger".

Mittags: Wurst, Müsli, Schokolade

Müsliriegel und andere Süßigkeiten

▷   Von den zahlreichen Müsliriegeln, die die Lebensmittelindustrie uns für zwischendurch anbietet, sind die allermeisten so süß, dass sie durchaus mit Keksen oder Schokolade konkurrieren können. Das macht in unserem Fall zwar nichts aus, man muss es nur wissen. Auf jeden Fall sind sie in der Wärme besser haltbar als Schokolade. Besonders die östliche Mittelmeerküche hält hier Leckereien bereit: Handliche Riegel aus Sesamsamen oder verschiedenen Nüssen, die mit Honig "verklebt" sind.

In Rumänien werden im Herbst Walnüsse auf einen Faden gereiht und mit eingedicktem Traubensaft überzogen. Getrocknet ist das Ganze bis weit in den Winter ein schmackhafter Energiespender.

Die extra für Sportler konzipierten Energieriegel oder -drinks liefern maßgeschneiderte, schnell verwertbare Energie, haben allerdings auch ihren Preis.

☺   Unterwegs sind auch einfach zwei, drei Handvoll trockenes **Frühstücksmüsli**, vielleicht mit einigen Stückchen Schokolade, gut als kleine Zwischenmahlzeit zu gebrauchen. Wir bevorzugen hier in Honig geröstete Sorten, die sind schon gleich zu mundgerechten, kleinen Bröckchen verklebt.

Müsliriegel selbstgemacht
Zutaten zu gleichen Teilen:

>   Haferflocken
>   Mehl
>   gemahlene Haselnüsse
>   geriebene Äpfel
>   geriebene Karotten
>   Honig

Zubereitung: Stellen Sie aus den Zutaten einen zähen, dicken Teig her, indem Sie zuerst die trockenen Zutaten miteinander mischen, dann Karotten und Apfel einrühren und zum Schluss mit dem Honig alles verkleben. Eventuell brauchen Sie noch etwas lauwarmes Wasser.

☺   Wenn Sie diese Leckerei schon zu Hause vorbereiten wollen, formen Sie mit einem Esslöffel kleine Häufchen auf einem gefetteten Blech und lassen im Backofen alles bei kleiner Hitze (150°C) trocknen.
Unterwegs können Sie eine der Backmethoden anwenden (☞ Die Kunst des Backens) oder die Müsliwürfel für den nächsten Tag in der Pfanne mit etwas Fett rösten.

▷   Ein mehr oder weniger großes Stück Schokolade ist eine gute Stärkung für zwischendurch. Es sollte aber nicht die einzige Nahrung zwischen Frühstück und Abendbrot bleiben, nicht jeder Magen verträgt eine so hochkonzentrierte Energiezufuhr.

Mittagspause an einem idyllischen Plätzchen

Trockenobst

Getrocknete Früchte (z.B. Aprikosen, Pflaumen, Apfelringe, Datteln, Feigen, Birnen ...) sind Dinge, die wir mit dem bunten Teller zu Weihnachten in Verbindung bringen. Sie eignen sich aber auch hervorragend für eine Mahlzeit unterwegs. Man kann sie "pur" genießen oder mit Nüssen und/oder Haferflocken vermischen.

Studentenfutter

Studentenfutter ist eine Mischung aus verschiedenen Nüssen und Trocken-obst, meistens Rosinen (die auch von Nicht- und Nicht-mehr- Studenten gern gegessen wird).

Sie können sie fertig gemischt kaufen oder die Zutaten selbst zusammen-mixen und beliebig erweitern.

In jedem Fall erhält man eine wohlschmeckende, nahrhafte und haltbare Mahlzeit, die sich auch hervorragend als Notreserve für unvorhersehbare Verlängerungen im Rucksack mitnehmen lässt.

Studentenfutter - selbst gemischt

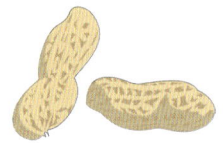

Mischen Sie zu gleichen Teilen (z.B. 1 Becher):

     Walnusskerne

     Haselnusskerne

     Cashewkerne

     Sonnenblumen- oder Kürbiskerne

     Rosinen

     getrocknete Aprikosen - man kann sie vierteln, so dass sie etwa die gleiche Größe wie die anderen Bestandteile haben,

     getrocknete Pflaumen.

     getrocknete Datteln

☺   1/2 Becher gesalzene Erdnüsse verleiht dem Ganzen eine gewisse Herzhaftigkeit. Als besondere Leckerei geben Sie Schokoladenbröckchen, mit Schokolade überzogene Rosinen oder mit Schokolade überzogene Nüsse (M&M etc.) dazu.

Heiße Brühe

Sehr wohltuend ist eine heiße Gemüsebrühe aus der Thermosflasche. Wenn Sie davon allein auch nicht richtig satt werden, Ihre Mineralverluste füllen Sie auf diese Weise sicher wieder auf.

Pemmikan

Gerade recht zur heißen Brühe schmeckt ein Brocken Pemmikan, gekauft (⌨ www.cathay.de) oder selbst hergestellt (☞ einige Lebensmittel).

Zutaten für 1 kg:

> 500 g Trockenfleisch
>
> 100 g getrocknete Beeren (traditionell Blaubeeren oder Preiselbeeren, geht aber auch mit Rosinen, Äpfeln oder anderem Trockenobst)
>
> 100 g brauner Zucker oder Honig
>
> 400 g Schmalz

nach Geschmack:

> Leinsamen, Sonnenblumenkerne
>
> Kräuter, Gewürze

Zubereitung: Das Trockenfleisch wird zusammen mit den Beeren und dem Zucker fein zerhackt oder (besser) durch den Wolf gedreht. Das Schmalz erhitzen, alles miteinander vermischen und in einer flachen Form oder auf dem Backblech kalt werden lassen. Man kann dann handliche Stücke schneiden, die gut zu verpacken sind.

Durch Zugabe verschiedener Gewürze können bestimmte Geschmacksnoten erzeugt werden.

Nudel- oder Reissalat

Noch Reste vom Vorabend übrig geblieben? Wer jetzt über entsprechend zuverlässig schließende Gefäße verfügt, kann sich beim Frühstück aus den Resten einen Nudel- oder Reissalat für die Mittagspause herstellen.

Zutaten:

> Nudeln oder Reis, schon gekocht
>
> 50 g Schinken
>
> 1 Ei, hartgekocht (hier geht Eipulver wohl nicht)
>
> 1 Handvoll Trockengemüse
>
> Kräuter, z.B. Petersilie und Schnittlauch nach Geschmack
>
> 1 Zwiebel oder 1 Handvoll Röstzwiebeln
>
> 1 gestrichenen TL Salz oder Brühe
>
> Pfeffer und Paprika nach Geschmack
>
> 1 TL Zucker
>
> 1-2 EL Öl
>
> 1 EL Essig oder Zitronensaft (1 TL Zitronensaftkonzentrat)

Zubereitung: Der Schinken, das hartgekochte Ei und die Zwiebel werden in kleine Würfel geschnitten und mit dem Grünzeug zu den Nudeln oder dem Reis gegeben. Öl und Essig werden mit Salz, Zucker und den Gewürzen vermischt, so kann man besser abschmecken. Die Soße soll ruhig einen kräftigen Geschmack haben. Man gibt die Soße über die Nudeln oder den Reis mit den anderen Zutaten und vermengt alles vorsichtig. Füllt man den Salat nun in ein Gefäß und verstaut es sicher im Gepäck, kann man zur Mittagspause einen gut durchgezogenen Salat "aus dem Hut" zaubern.

Getränke

▷   Es ist wichtig, dass man unterwegs ausreichend trinkt. Bei Hitze wird sich das Durstgefühl von selbst einstellen, aber gerade auch in der Kälte verliert man schon über die Atmung viel Feuchtigkeit.

Selbstkontrolle: Man sollte mindestens viermal am Tag "müssen" müssen ...

▷   In abgelegenen Gebieten mit sauberem Wasser kann man das Wasser direkt aus der Natur trinken, ☞ Wasser. Achten Sie auf den unterschiedlichen Geschmack, den die einzelnen Wasserstellen schon auf kleinem Raum haben können.
     Vielleicht finden Sie ja sogar eine der gar nicht so seltenen kohlensäurehaltigen Quellen.

▷   Wem das zu spartanisch ist, der kann sein Wasser mit Vitamin-/Mineral-Brausetabletten in einen erfrischenden Orangensprudel verwandeln. Es gibt auch leicht lösliche Fruchtpulver verschiedenster Geschmacksrichtungen oder Zitronentee-Pulver.

▷   Allen, die ihre Getränke sowieso mitschleppen müssen, sei eine Thermosflasche mit einem heißen Getränk, z.B. schwarzem, Frucht- oder Kräuter- Tee empfohlen, den man schon beim Frühstück vorbereitet hat. Er belebt und tut auch in der Hitze gut. Man kann ihn mit einem knappen Teelöffelchen Salz pro Liter gegen den Mineralverlust anreichern oder wie die Tibeter einen Klacks Butter dazugeben.

▷   Im Winter ist auch ein heißer Kakao oder ein heißer Obstsaft (Apfel-, Orangen-, Trauben-, Holunderbeer-) eine immer beliebte und belebende Variante.

Dinner am Abend

Der Abend ist die Zeit zum Genießen. Ein neuer Lagerplatz ist gefun-
den, die Zelte stehen, man ist recht-
schaffen müde und hungrig und freut
sich auf eine leckere Mahlzeit zum
Ausklang des Tages.

Ein Abendessen, das allen gut
schmeckt, hebt die Stimmung, lenkt
vom schlechten Wetter ab und ist
Grundlage für die Anstrengungen des
nächsten Tages (nicht umsonst sagt
man, ein guter Schiffskoch könne eine
Meuterei verhindern).

*Frischer Fisch ist eine Bereicherung
für jede Tütensuppe*

Experimentieren Sie! Die folgenden Rezepte sind Anregungen. Wenn Sie eine Zutat nicht haben, nehmen Sie einfach etwas anderes. Reis, Nudeln oder Kartoffelpüree können Sie fast beliebig austauschen. Wie bereits gesagt, Ihr Gericht wird dann vielleicht anders schmecken, aber nicht unbedingt schlechter. Tütensuppen sind eine prima Grundlage. Man kann sie mit nahezu allem Essbaren verfeinern oder aufbessern - und wenn es nur das hart gewordene Brot ist, das man in Würfel geschnitten dazugibt.

Beachten Sie folgende Tipps:
▷   Nehmen Sie sich Zeit. Fangen Sie nicht erst in der Dämmerung an, einen neuen Lagerplatz zu suchen.

▷   Wählen Sie Ihre Tagesetappen so, dass sie nicht vollkommen erschöpft und ausgehungert ankommen. Das "Abenteuer" wird sonst schnell zu einer "Stresstour", die selbst beste Freunde auseinander bringen kann.

Gehen Sie im Geiste schon die Organisation des Kochens durch:

▷   Müssen die Trockenkartoffeln erst einmal eine halbe Stunde einweichen? In der Zeit könnten Sie die Zelte aufbauen oder ein heißes Getränk zusammenbrauen.

▷   In welchem Rucksack befindet sich was? Nichts ist ärgerlicher, als wenn Sie gerade alles im Zelt verstaut haben, nur damit Sie dann aus der hintersten Ecke das Tomatenmark wieder herauswühlen müssen ...

▷   Eine heiße Suppe ist schnell zubereitet. Ist der Hunger groß, kann man sie zunächst als Vorspeise reichen. Dann hat jeder schon etwas im Magen, ist nicht so knurrig, und man kann sich dann mit Elan den anfallenden Arbeiten für das "richtige Mahl" widmen.

Griesklößchensuppe für 4 Personen
Zutaten:

                2 EL Brühepulver
                150 g Gries
                200 ml Milch oder Wasser
                2 TL Salz
                1 EL Fett
                1 Ei, wenn vorhanden
                1 EL Petersilie
                etwas Muskat

Zubereitung: Zunächst erhitzen Sie in einem kleinen Topf die 200 ml Wasser oder Milch. Geben Sie die Zutaten (ohne Brühepulver) hinzu und verrühren alles gut.

Sie lassen das Ganze einmal kurz aufkochen und können den Gries nun neben dem Kocher quellen lassen, während Sie auf der Flamme im großen Topf das Brühepulver mit gut 1 Liter Wasser erhitzen. Wenn der Gries fest geworden ist, stechen Sie mit einem Löffel kleine Würfel ab und lassen sie in die Suppe gleiten. Auf kleiner Flamme ein paar Minuten mitkochen lassen. Wohl bekomm's!

Gemüsecremesuppe für 4 Personen

Zutaten:

Spargelcreme- oder Broccolicremesuppe aus der Tüte. Nehmen Sie ruhig das Doppelte der angegebenen Menge pro Person.

Nudeln: eine Handvoll pro Person

1 EL Parmesan pro Person

2 EL Petersilie

1 EL Paprika, edelsüß

Pfeffer, Selleriepulver, Knoblauchpulver nach Geschmack

Zubereitung: Rühren Sie die Suppe mit etwa 1/5 mehr Wasser an als angegeben. Rühren Sie das Pulver in kaltes Wasser ein, die Gefahr der Klumpenbildung ist dann geringer.

Wenn die Suppe kocht, geben Sie die Nudeln und Gewürze dazu und lassen das Ganze bei kleiner Flamme ziehen, bis die Nudeln gar sind.

Kurz vor dem Servieren geben Sie - immer schön rühren - den Parmesan dazu.

Verfeinerungen:

▷   Wenn Sie haben, schneiden Sie Fleisch oder Wurst in Würfel und geben es dazu. (Trockenfleisch schon in das kalte Wasser geben, damit es noch quellen kann).

▷   Schinken oder Frühstücksspeck können Sie mit etwas Fett als Erstes im Topf knusprig-braun braten, mit der schon angerührten Suppe ablöschen und dann Nudeln und Käse dazugeben.

▷   Gemüsecremesuppen schmecken auch ganz hervorragend kombiniert mit Fisch.

Westmann-Bohnen für 4 Personen

Weiße - oder Kidney-Bohnen und Erbsen lassen sich ganz prima in getrocknetem Zustand mitnehmen. Das wussten auch die Cowboys. Sie schmecken gut und haben einen hohen Nährwert. Einziger Nachteil: sie müssen 12 Stunden (über Tag) quellen, sonst bleiben sie hart wie Kieselsteine. Und sie müssen dann noch ca. 1 Std. vor sich hin köcheln. Aber man bleibt ja vielleicht auch mal einige Tage am gleichen Lagerplatz und unterhält ein Feuerchen.

Zutaten:

> 400 g weiße Bohnen
> 2 Zwiebeln oder Zwiebelpulver
> 200 g Speck
> 4 Kochwürste (gibt es eingeschweißt zu kaufen)
> 2 Karotten (getrocknete kann man gleich mitquellen lassen)
> Pfeffer
> 1-2 EL Mehl
> Kartoffelpüree nach Bedarf

Zubereitung: Bringen Sie die gequollenen Bohnen im Quellwasser mit den klein geschnittenen Kochwürsten und den Gewürzen zum Kochen, nehmen Sie den Topf vom Feuer, und halten Sie ihn warm.

Schneiden Sie den Speck und die Zwiebeln in kleine Würfel, und braten Sie sie mit etwas Fett knusprig braun. Nehmen Sie sich nun wieder den Topf mit den Bohnen vor. Wenn das Wasser kocht und die Bohnen weich sind (das dauert ca. 1 Std.), rühren Sie nach und nach das Mehl oder Kartoffelpüree zu und lassen das Ganze auf kleiner Flamme köcheln, bis eine sämige Konsistenz erreicht ist. Nun rühren Sie den Speck unter - fertig.

Linseneintopf, feurig für 4 Personen

Rote Linsen brauchen im Gegensatz zu anderen Hülsenfrüchten nur eine relativ kurze Kochzeit von ca. 10 Minuten.

Zutaten:

> 200 g rote Linsen
> 1 Liter Hühnerbrühe
> 3 Zwiebeln
> 2 Knoblauchzehen
> Suppengemüse

Tomatenmark
Öl zum Braten
150 g Schinken
200 ml Sahne
Salz, Pfeffer, Thymian, Essig, Tabasco

Zubereitung: Im Topf Knoblauch, Zwiebeln und Schinkenwürfel anbraten. Linsen zugeben, mit Brühe auffüllen und ca. 10 Min. kochen. Tomatenmark einrühren, die Sahne zugeben und mit den Gewürzen abschmecken. Tabasco oder Sambal Oelek geben eine scharfe Note.

Käsefondue für 4 Personen
Zutaten:

2 Fertigpackungen Käsefondue
2 Baguettes oder 2 Packungen Toastbrot
1 Knoblauchzehe
Pfeffer
Muskat

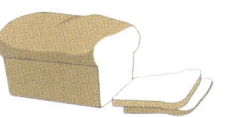

Zubereitung: Den Topf mit der durchgeschnittenen Knoblauchzehe ausreiben, den Käse aus der Packung hinzugeben und vorsichtig erwärmen. Wenn er flüssig geworden ist, mit Pfeffer und Muskat würzen. Wer mag, kann auch die Knoblauchzehe fein gehackt mit hineinrühren.

Vorsichtig mit dem Muskat umgehen. Man braucht wirklich nicht mehr als eine Messerspitze voll!

Das Brot in kleine Würfel schneiden, in den Käse eintauchen - und genießen. Natürlich gehört eigentlich noch Weißwein und ein Kirschwässerli dazu, das Fondue ist "draußen" aber auch ohne diese Feinheiten etwas Besonderes und darüber hinaus schnell zubereitet.

Übrigens - wer sein Brot im Topf verliert, muss rückwärts auf einem Fuß hüpfend das Zelt umrunden.

Curry-Reis für 4 Personen

Zutaten:

      2 EL Hühnerbrühe für gut 1 L

      2 Tassen Reis

      1 EL Curry (nicht zu scharf)

      1-2 EL Öl oder Margarine

      Hühnerfleisch oder

      Fisch oder Muscheln

> 📖 **Kochen 4 Kulinarisches aus der Kochkiste**, OutdoorHandbuch, Basiswissen für draußen Band 214, Conrad Stein Verlag
>
> ☞ auch Seite 125

Zubereitung: Füllen Sie Ihren größten Topf etwa zur Hälfte mit Wasser. Verrühren Sie das Brühpulver, und geben Sie den Reis hinzu. Achten Sie schon beim Kauf darauf, dass Sie schnell kochenden Reis mitnehmen (er benötigt ca. 8-10 Min. Kochzeit.) Die Kochzeit können Sie noch weiter reduzieren, indem Sie den Reis nur ein paar Minuten sprudelnd kochen lassen und dann einfach mit geschlossenem Deckel neben dem Kocher quellen lassen.

Im Idealfall hat der Reis alles Wasser aufgesogen, und Sie müssen nichts abgießen. Dann können Sie den Curry untermischen, bis der Reis eine satte gelbe Farbe angenommen hat.

Die "fleischigen" Zutaten können Sie entweder gleich mit ins Wasser geben oder getrennt zubereiten, z.B. braten und zum Schluss unterrühren.

Vor dem Servieren geben Sie das Fett dazu, eine besonders exotische Note erhält das Ganze mit Leinsamenöl.

Kleinfleisch auf Reis für 4 Personen

Abgewandelt nach einem beliebten Mensa-Gericht

Zutaten:

      Trockenfleisch

      1 Päckchen Jägersoße

      1/8 l Milch

      2 Tassen Reis

      1 Tasse Paprikagemüse

      Salz

      Pfeffer

      Paprika

Zubereitung: Trockenfleisch und Paprikagemüse eine Viertelstunde quellen lassen, danach mit dem restlichen Wasser und Milch (Verhältnis 1:1) das Soßenpulver anrühren. Den Reis etwa 2/3 der angegebenen Zeit mit etwas Salz kochen, dann vom Kocher nehmen und quellen lassen. Währenddessen in einem zweiten Topf die Soße aufkochen, mit Pfeffer und reichlich Paprika würzen, eventuell noch etwas Milch hinzugeben und ziehen lassen. Zum Schluss, wenn der Reis fertig ist, das Fleisch samt Paprikagemüse in die Soße geben, noch einmal erhitzen und über den Reis gießen. Macht sich gut mit etwas Sambal Oelek.

Gesammelte Pilze vom Wegesrand

Pilzsoße für 4 Personen

Getrocknete Pilze wiegen fast nichts, haben aber erstaunlich viel Geschmack. Außerdem kann man die zwei kleinen Pilzchen vom Wegesrand, die für eine ganze Mahlzeit mal wieder nicht ausreichen, gleich mit hineingeben.

Zutaten:

> 1-2 Becher getrocknete Pilze
> 1 Päckchen Rahmsoßenpulver
> 2 EL Milchpulver
> 2 EL getrocknete Petersilie oder Schnittlauch
> 1-2 Zwiebeln
> Pfeffer
> Salz

Zubereitung: Die Pilze müssen gut mit Wasser bedeckt etwa 20 Minuten aufquellen. Rahmsoßen- und Milchpulver (trocken) gut vermischen, dann klumpt das Milchpulver nicht so leicht. Mit dem Pilzwasser kann man dann die Rahmsoße anrühren und aufkochen.

Zwiebeln klein schneiden, je kleiner, desto besser, und dazugeben. Man kann sie auch getrennt zunächst mit 1 EL Zucker vermischen und in der Pfanne goldbraun braten. Dann werden sie erst zum Schluss untergerührt.

Pilze und Kräuter für etwa 5 Minuten auf kleiner Flamme mitköcheln lassen. Zu guter Letzt mit Gewürzen abschmecken.

☺   Pilzsoße schmeckt besonders gut zu Kartoffelpüree, aber auch zu Reis. Statt des Soßenpulvers kann man auch gleich nach und nach Püreepulver dazugeben, bis aus dem Pilzwasser eine löffelbare Suppe oder ein sättigender Brei wird.

Nudelgerichte

▷   Spaghetti Bolognese ist ein Höhepunkt unter den Outdoor- Abendessen. Dank der vielen Tütensoßen, die es fast überall zu kaufen gibt, ist die Zubereitung auch relativ einfach. Einzige Schwierigkeit ist der Transport der Spaghetti.

Spaghetti Bolognese für 4 Personen
Zutaten:

> 1½ Tüten Spaghetti (Sie benötigen mehr als zu Hause)
> 3 Becher Trockenfleisch oder Würstchen oder Salami oder Schinken
> 1 Tüte Bolognesesoße
> 2 Zwiebeln (oder 2 TL Zwiebelpulver)
> 2 TL Paprikapulver
> 2-3 Knoblauchzehen
> 3 EL Tomatenmark
> 1 EL Öl oder Margarine
> 1 TL Oregano
> Salz (Wurst und Schinken sind meistens ziemlich salzig, man braucht unter Umständen kein Salz)
> Pfeffer
> Parmesan

Zubereitung: Die Spaghetti werden in kochendes Wasser gegeben. Sie müssen also zunächst Wasser mit einem TL Salz in Ihrem großen Topf zum Kochen bringen (Deckel und Windschutz!).

Geben Sie die Nudeln hinein und lassen Sie sie für etwa 1-2 Minuten sprudelnd kochen. Anfangs umrühren, damit sie nicht verkleben. Sie können den Topf dann vom Feuer nehmen und an einer warmen Stelle (oder eingewickelt) stehen lassen. Wenn Sie die Zubereitung der Soße beendet haben, werden auch die Spaghetti gar sein.

Zum Anmixen der Soße nehmen Sie Ihren zweiten Topf und verrühren die Tütensoße mit Wasser. Geben Sie das möglichst klein geschnittene Gemüse, das Fleisch und die Gewürze dazu und bringen alles unter Rühren zum Kochen. Nun können Sie auch die Margarine und das Tomatenmark unterrühren. Lassen Sie alles 5 Minuten köcheln (Rühren!).

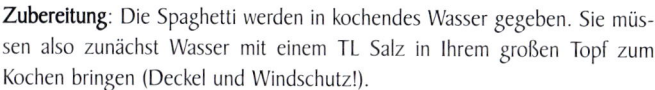

Experimentieren Sie ruhig beim Kochen

Sollten die Spaghetti inzwischen zu sehr abgekühlt sein, müssen Sie einfach noch ein wenig nachheizen.

☺   Versuchen Sie lieber gar nicht erst, das Wasser aus dem Spaghettitopf abzugießen, sondern fischen Sie lieber die Nudeln mit zwei Gabeln aus dem Wasser, das ist sicherer. Serviert werden Nudeln und Soße mit Parmesan, den sich jeder nach Belieben über seine Portion streuen kann.

▷   Der Renner bei unseren Kindern sind allerdings Ravioli oder Tortellini mit Fleisch- oder Gemüsefüllung, alles fix und fertig getrocknet und einge-
schweißt in handlichen 250 g Packungen. Sie brauchen nur 3-4 Min. zu
kochen, und man muss lediglich noch eine schmackhafte Soße zaubern.

Tortellini mit Käsesoße

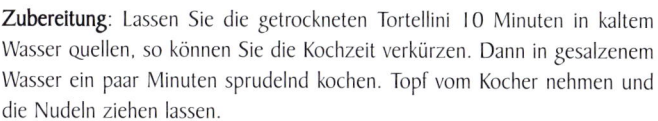

Zutaten:

>   1 Packung Tortellini (250 g) pro Person
>   ¼ l Milch
>   1-2 EL Parmesan pro Person, Blauschimmel- oder anderer Käse

Zubereitung: Lassen Sie die getrockneten Tortellini 10 Minuten in kaltem
Wasser quellen, so können Sie die Kochzeit verkürzen. Dann in gesalzenem
Wasser ein paar Minuten sprudelnd kochen. Topf vom Kocher nehmen und
die Nudeln ziehen lassen.

Währenddessen bedecken Sie den Boden eines zweiten Topfes oder der
Pfanne mit Milch und geben bei mittlerer Hitze den Käse nach und nach
dazu. Haben Sie Käse im Stück, schneiden Sie ihn zuvor in Stücke, damit er
leichter schmilzt. Die Dickflüssigkeit der Soße können Sie mit weiterer Zugabe von Milch bestimmen. Nun können Sie Tortellini und Käse zusammenge-
ben oder getrennt servieren.

Gebratene Nudeln

Sie haben noch Nudelreste vom Vortag? Man kann ein leckeres Pfannenge-
richt daraus herstellen.

Zutaten:

>   Nudeln vom Vortag
>   Margarine oder Öl
>   Schinken
>   1 Esslöffel Parmesan

Zubereitung: Erhitzen Sie das Fett in der Pfanne, und geben Sie dann die
Nudeln mitsamt dem Schinken ins heiße Fett. Bei mittlerer Hitze schön
knusprig braten und vor dem Verzehr Parmesan drüberstreuen.

Kartoffelsuppe mit Krabben für 4 Personen

Zutaten:

> 2 Tüten Gemüsesuppe (z.B. Kräutercremesuppe)
>
> 1 Würfel Fisch- oder Krabbenfond
>
> Kartoffelpüree
>
> Krabben oder Fisch

Zubereitung: Füllen Sie den Topf zu ¾ mit Wasser, rühren Sie Tütensuppe und Fischfond hinein. Wenn das Ganze kocht, geben Sie Krabben oder Fischstückchen dazu. Falls kein Fisch an der Angel war, erhöhen Sie einfach den Krabbenfond-Anteil, bis die Suppe einen kräftigen Krabbengeschmack hat. Zum Schluss rühren Sie Löffel für Löffel Kartoffelpüree-Pulver dazu, bis eine sämige Suppenkonsistenz entstanden ist. Petersilie oder Dill vor dem Servieren auf die Oberfläche streuen - Guten Appetit.

Schnelle Krabbenpfanne

Am Meer kann man sich oft mit wirklich frischen Meerestieren eindecken. Eine schnelle Variante ist die Krabbenpfanne mit Ei und Brot.

Zutaten:

> 200 g Krabben pro Person
>
> 1 Ei
>
> 1 EL Öl für die Pfanne
>
> 1 Zwiebel
>
> Schwarzbrot
>
> Salz, Pfeffer, Schnittlauch oder Petersilie oder Knoblauch

Zubereitung: Eine Zwiebel fein würfeln (☞ Tricks und kleine Kniffe). Das Öl in der Pfanne erhitzen. Die Krabben in die Pfanne geben und scharf anbraten. Pfanne vom Kocher nehmen, die aufgeschlagenen Eier darüber geben und vermischen. Das Ganze noch einmal erhitzen, bis das Ei stockt. Nach Geschmack mit Salz, Pfeffer, Knoblauch und grünen Kräutern abschmecken. Auf eine Scheibe frisches Schwarzbrot verteilen und Zwiebelwürfel darüber streuen - herrlich maritim.

Krabbenpfanne

Kartoffelpüree de luxe für 4 Personen

Zutaten:

1 Becher Kartoffelpüree-Pulver (ca. 200 g)
2 Becher Milch oder Wasser
1 TL Salz
1-2 Esslöffel Margarine
1 Ei
Pfeffer
1 Esslöffel Schnittlauch oder Petersilie
1-2 Zwiebeln oder 1 Handvoll Erbsen
etwas Muskat

Zubereitung: Nach Gebrauchsanweisung wird Kartoffelpüree-Pulver meistens mit Wasser angerührt. Milch macht den Geschmack etwas "voller". Bringen Sie ¾ l der Flüssigkeit (Milch oder Wasser oder halb und halb gemischt) mit Salz und Margarine in einem großen Topf zum Kochen und nehmen Sie den

Topf von der Feuerstelle. In dem restlichen Viertel verquirlen Sie das Ei und schütten das Ganze kalt in die heiße Milch. Nun geben Sie die Püreeflocken unter schnellem Rühren nach und nach zu. Während die Flocken aufquellen (1-2 Minuten), schneiden Sie eine oder zwei Zwiebeln in kleine Würfel. Zusammen mit den Gewürzen werden die frischen Zwiebeln untergerührt-fertig. Wer mag, kann noch eine Soße dazu spendieren, z.B. Rahmsoße oder ☞ Pilzsoße.

Leckereien, nicht nur süß

☺   Nehmen Sie auch Süßspeisen mit auf Ihre Tour - besonders, wenn Sie mit Kindern unterwegs sind. Die Leckereien sind schnell zubereitet und besonders bei schlechtem Wetter kleine Höhepunkte. Es gibt diverse Fertig-produkte, nicht nur bei den "Ausrüstern".

Milchreis mit Vanillesoße für 4 Personen

Zutaten:

        2 Becher "normaler" Reis oder Milchreis
        1-2 EL Zucker
        2 Päckchen Vanillezucker
        ¼ Liter Milch
        1 TL Zimt
        1 Tüte Vanillepudding
        4 TL Marmelade oder 4 Stückchen Schokolade oder 4 Mandeln zum Garnieren

Zubereitung: Rühren Sie etwa ¼ Liter Milch mit Zucker und Vanillezucker an, geben Sie den Reis dazu, und bringen Sie alles zum Kochen. Ab und zu umrühren. Nach 2-3 Minuten können Sie den Topf vom Feuer nehmen und ziehen lassen, bis der Reis die Flüssigkeit aufgesogen hat. Dann mischen Sie den Zimt unter.

    In der Zwischenzeit bereiten Sie den Vanillepudding nach Anweisung auf der Packung zu, geben aber einen Schuss mehr Milch dazu. Pudding wird beim Abkühlen fest. Wenn Sie ihn in dieser Phase "stören", indem Sie ein paar Mal umrühren, erhalten Sie eine leckere Soße.

Verteilen Sie Reis und Soße auf die Becher oder Teller und garnieren Sie. Schmeckt warm und kalt.

Pettersson-Torte

(Pettersson ist ein Eigenbrödler, der mit seinem Kater Findus auf einem schwedischen Hof lebt.).

📖 Sven Nordquist, Petterson und Findus, Bilderbuchreihe aus dem Oettinger-Verlag, nicht nur für Kinder.

Zutaten:

200 g Mehl

2 Eier

300 ml Milch

1 EL Zucker

2 EL Margarine

1 Prise Salz

1 Becher (200 g) Sahne

1 Päckchen Vanillezucker

1 Glas (200 g) Preiselbeermarmelade

Zubereitung: Aus den Teigzutaten stellen Sie möglichst dünne Pfannkuchen her (☞ Frühstück).

Schlagen Sie die Sahne mit dem Vanillezucker, bis sie richtig schön steif ist.

Bestreichen Sie nun den ersten Pfannkuchen zuerst mit der Marmelade, dann mit einer Schicht Sahne, notfalls auch nur mit Marmelade. Legen Sie den zweiten Pfannkuchen darüber und bestreichen ihn genauso. Nach und nach bekommen Sie so eine turmhohe Torte. Ganz oben haben bei Bedarf auch etliche Geburtstagskerzen Platz oder Blümchen oder hübsche Kieselsteine ...

Achtung! Verspeisen Sie die Pettersson-Torte lieber nicht im Zelt.

Petterson-Torte

Popcorn, süß oder salzig

Die Zubereitung von Popcorn geht schnell und kommt einem Gesellschaftsspiel gleich. Das mehr oder weniger unkontrollierte, aber immer äußerst
geräuschvolle "Poppen" der Maiskörner im gut verschlossenen Topf gibt stets
Anlass zu Heiterkeit und Spannung. Erst recht, wenn Sie etwas zu viel
genommen haben, und der Deckel sich unhaltbar hebt, um die fertigen Körner herausquellen zu lassen.

Zubereitung: Bedecken Sie den Boden Ihres größten Topfes etwa 2-3 mm
hoch mit Öl. Wenn das Öl heiß ist, geben Sie eine Handvoll Popmais hinein,

📷 *Peter Boll*

und zwar so, dass
die Körner mög-
lichst nicht überein-
ander liegen. Nun
schnell den Deckel
auf den Topf! Ihr
Popcorn ist fertig,
wenn wieder Ruhe
im Topf herrscht.
Warten Sie nicht auf
das allerletzte Korn,
sonst brennen die
schon fertigen "Pop-
körner" an.

Popcorn kann man süß oder pikant (in fertigem Zustand mit Paprika und
Salz würzen) verzehren.

Mit der Herstellung von Popcorn sollte eine Wandergruppe auf Spitzbergen an einem Nebel-Tag ein wenig aufgeheitert werden. Es stellte sich heraus,
dass nur Halbfettmargarine vorrätig war, die sich mit aller Kraft gegen eine
Erhitzung in der Pfanne sträubte. Ich griff zur Notlösung und verwendete
trotz heftiger Bedenken meiner Kollegin das Öl aus drei Sardinenbüchsen.
Der Mais poppte fantastisch. Sicherheitshalber boten wir pikant gewürztes
Popcorn an, doch das stellte sich als unnötig heraus - es war keinerlei Fisch-
geschmack festzustellen.

☺   Machen Sie lieber mehrere kleine Portionen. Wenn der Topf zu voll ist, poppen die Körner nicht richtig, und es kann leicht passieren, dass sie anbrennen.

Hochprozentiges

Stellen Sie sich vor, es ist mal wieder schlechtes Wetter. Den ganzen Tag haben Sie mit Regen und Wind gekämpft. Die Füße sind nass, die Haare auch, und selbst im Zelt will Ihnen nicht so richtig wieder warm werden. Welche Wohltat kann da ein heißer Grog sein.

☺   Aber Vorsicht - Alkohol nach einem anstrengenden Tag im Freien hat eine "umwerfende" Wirkung, ganz besonders zusammen mit Zucker.

▷   **Steifer Grog:** Für den klassischen Grog der Nordseefischer braucht man lediglich heißes Wasser, einen guten Schuss Rum und einen TL Zucker Diese Rezeptur lässt sich mannigfach abwandeln. Das Wasser kann gegen Tee oder Kakao oder Fruchtsaft ausgetauscht werden. Auch den Rum kann man beliebig durch andere "Hochprozentige" (beispielsweise Whisky) ersetzen - je nach Geschmack und Vorliebe.

Rumtopf
Zutaten:

> 1 Handvoll Rosinen pro Person
> 1 Tütchen Vanillezucker
> 1 Prise Zimt
> 2-3 TL Zucker oder Honig
> 1 guter Schuss Rum

Zubereitung: Geben Sie alles zusammen mit Wasser in einen kleinen Topf. Die Früchte müssen gerade bedeckt sein. Bringen Sie das Ganze zum Kochen und lassen es etwa ein Viertelstündchen ziehen. Hier ist ein guter Deckel besonders wichtig, sonst verfliegt ja das Beste!

Die Kunst des Backens

Gegrillte Forellen

Backen in der Wildnis geht nicht? Falsch! Selbst wenn Sie nur mit einem Kocher ausgerüstet sind, müssen Sie auf frische Backwaren nicht verzichten.

Backen und Grillen am Lagerfeuer

Brennessel-Chips

Sie sitzen, eigentlich schon satt, am Lagerfeuer und blicken in die Flammen - etwas zum Knabbern wäre jetzt nett? Gehen Sie zurück an die Stelle, an der Ihnen vorhin beim Zeltaufbau Brennnesseln die Beine verbrannt haben. Pflücken Sie eine gute Handvoll Blätter in Ihren Topf. Wenn Sie entschlossen zupacken, brennen sie auch nicht.

Zutaten:

    Frische Brennnesselblätter

Zubereitung: Suchen Sie sich einen heißen, ebenen Stein aus der Lagerfeuer-Umrandung und legen Sie ein Brennnesselblatt darauf. In Sekundenschnelle zieht es sich zusammen und erstarrt in dieser Haltung. Sie haben einen knackigen Chip erzeugt. Probieren Sie.

Gegrillte Forellen

Fische verderben leicht. Sie sollten möglichst schnell - "fangfrisch" - verarbeitet werden. Dann allerdings schmecken sie köstlich. Falls Sie selbst zur Angel greifen, beachten Sie die rechtlichen Aspekte. Am Meer darf man ohne, für Flüsse und Seen braucht man fast immer eine Lizenz.

Zutaten:

    1 Forelle pro Person
    frische Kräuter wie Thymian, Salbei, Estragon
    oder Schnittlauch oder Petersilie
    Salz, Pfeffer
    Zitronensaft oder Essig
    1 EL Öl

Zubereitung: Die ausgenommenen Fische unter klarem Wasser waschen, mit etwas Essig oder Zitronensaft einreiben und mit Salz (eher etwas mehr) und Pfeffer bestreuen. Die Kräuter klein hacken und in den Fisch füllen. Je nach Zusammensetzung der Kräuter fällt die Geschmacksrichtung mehr "mediterran" oder "nordisch" aus. Wer will, kann die Forelle vor dem Grillen mit ein wenig Öl bestreichen. Wichtig: die Glut darf nicht zu heiß sein. Zwei, drei Sekunden sollte Ihre Hand es in Grillhöhe aushalten. Wenden Sie die Fische auf dem Feuer möglichst nur einmal vorsichtig, damit sie nicht zerfallen.

Forellen würzen

Steinbrot für 4 Personen

Das Backen von "Brot" im weitesten Sinne aus stärkehaltigem Mehl, Wasser und Salz gehört zu den ältesten Rezepten der Menschheit. Je nach Region kommen unterschiedliche Mehlsorten aus Getreidearten (Weizen, Mais, Reis etc.) oder stärkehaltigen Knollen (Kartoffel, Maniok und andere) zum Einsatz, die dem jeweiligen Brot den typischen Geschmack und Farbton verleihen. Eine bekannte europäische Version heißt Stein- oder Stockbrot. Backen am Lagerfeuer ist nicht ganz einfach. Man wird immer mit dem Temperaturgefälle zwischen "zu heiß" oder "nur auf einer Seite heiß" und "nicht heiß genug" zu kämpfen haben. Eine solide Schicht aus glühender Holzkohle verspricht mit größter Wahrscheinlichkeit Erfolg.

Zutaten:

　　　750 g Mehl
　　　50 g Margarine
　　　1/8 l Milch oder Wasser
　　　1 Päckchen Backpulver

3 Eier, wenn Sie haben

1/2 TL Salz

Alle verfügbaren Gewürze, auch Trockenfrüchte

Zubcreitung: Ergänzen Sie den Steinring um Ihr Feuer auf der Innenseite um einige flache Steine, und lassen Sie diese richtig heiß werden, während Sie den Teig anmischen.

Vorsicht - nasse oder aus mehreren Schichten bestehende Steine können zerspringen.

Kneten Sie alle Zutaten bis auf die Gewürze im Topf gut durch. Der Teig muss eher trocken sein, so dass man kleine Figuren daraus kneten kann.

Bauen Sie die Gewürze so auf, dass sich jeder bedienen kann. Sie können sich nun kleine Teigportionen aus dem Topf nehmen, nach eigenem Gutdünken würzen und einen Fladen (oder eine andere Figur) formen. Auf einen der flachen, heißen Steine am Feuer gelegt, ist das Steinbrot in wenigen Minuten fertig. Schmeckt köstlich mit Butter, Käse oder Quark bestrichen.

☺ Falls Sie keine geeigneten Steine finden sollten, können Sie den Teig auch um einen Ast wickeln und über die Glut halten. Diese Variation heißt dann Stockbrot.

Kuchenbacken am Feuer

Zutaten:

½ Fertigteigmischung oder

250 g Mehl

100 g Margarine

60 g Zucker

2 Eier

½ Tüte Backpulver

1 Schuss Milch

Zubereitung: Die Backform ist Ihre gut gefettete Pfanne. Am besten eignen sich solche mit einem geraden, hohen Rand.

Backen in der schräg gestellten Pfanne

Geben Sie den Teig hinein, die Hälfte des Randes sollte noch zu sehen sein. Dann stellen Sie die Pfanne für ein paar Minuten auf (nicht mehr ganz heiß) glühende Kohlen, damit der Boden des Teiges fest wird. Wenn Sie die Pfanne hin und wieder etwas schütteln, verringern Sie die Gefahr des Anbrennens.

Nun entfachen Sie ein richtiges Lagerfeuer und stellen die Pfanne fast senkrecht neben die Flammen (etwa in einem Winkel von 45°). Mit einem Stützstock kann man das Ganze fixieren. Ab und zu ein Stück drehen. Der Kuchen ist fertig, wenn die Oberfläche goldbraun geworden ist.

☺   Sollte der Kuchen ein wenig zu trocken geworden sein (und nicht nur dann), kann man mit einer Gabel Löcher in die Oberfläche pieksen und dann etwas Saft, dünnflüssigen Honig, Fruchtkaltschale, Vanillesoße oder vielleicht etwas Rum in den Löchern versickern lassen.

Backofen aus Steinen

Wenn Sie Zeit und das passende Material haben, können Sie sogar einen richtigen Backofen aus Steinen bauen. Sie brauchen einen Hohlraum von ca. 20 x 30 cm Grundfläche, der von oben und drei Seiten mit Steinen umgeben ist und oben ein Luftloch hat.

In dieser Höhlung betreiben Sie zunächst ein munteres Feuerchen. Sobald die Glut heruntergebrannt ist, fegen Sie sie aus der Höhle heraus und legen

Ihr Backgut (z.B. Brot, Fisch, Geflügel) hinein. Nun verschließen Sie die vordere Öffnung mit einem weiteren Stein und warten, bis das Ganze wieder abgekühlt ist.

Unten Backofen, oben Platz für Fladenbrot

Wichtig: Besonders bei Wind die Ritzen gut verstopfen, sonst entweicht die Hitze zu schnell wieder

Sauerteigbrötchen aus dem Backofen

Zu Zeiten der Goldgräber verfügten nur die erfahrenen Wildnisexperten täglich über frisches Brot. Sie trugen stets eine Portion Sauerteig am Körper, was ihnen den Namen "Sourdoughs" einbrachte. Sie konnten von ihrem Sauerteig immer wieder einen Teil zum Backen nehmen und mit Mehl wieder auffüllen. Die (am Körper gleichmäßig warm gehaltene) Hefe produzierte dann wieder neuen Sauerteig für das nächste Brot.

Heute, im Zeitalter der Fertigmischungen und Trockenhefepäckchen, ist das Brotbacken in der Wildnis keine allzu große Kunst mehr.

Zutaten:

    1 Packung Sauerteig (150 g)
    2 Päckchen Trockenhefe
    2 TL Salz
    1 TL Zucker
    600-700 ml handwarmes Wasser, bei dunklen Mehlsorten braucht man etwas mehr Wasser
    1.000 g Mehl, Weizen- oder Roggenmehl

Zubereitung: Mischen Sie Mehl, Trockenhefe, Zucker und Salz, und geben Sie dann das Wasser dazu. Decken Sie den Topf gut zu und halten ihn für eine Stunde schön warm. Körpertemperatur oder etwas mehr ist genau richtig. Der Teig sollte danach sein Volumen etwa verdoppelt haben. Nochmals gut durchkneten, Brötchen formen, noch einmal im Warmen stehen lassen ca. 10-30 Min.), und backen - im Backofen, auf einem heißen Stein oder in der Pfanne.

☺   Aus Sauerteig lassen sich auch sehr schmackhafte Pfannkuchen backen.

Holländischer Ofen

Holländischer Ofen

Der traditionelle "holländische Ofen" ist ein Topf aus dickem Gusseisen oder Aluminium. Man stellt ihn direkt in die Glut, wobei kleine Beinchen etwas Abstand zur Glut schaffen. Auch der Deckel hat an den Ecken kleine Noppen, die verhindern, dass die glühende Kohle, mit der man den Deckel bedeckt, allzu leicht herunterrutscht.

Mit diesem Gerät kann man sowohl kochen als auch backen oder braten. Sein Gewicht schränkt die Verwendungsmöglichkeiten allerdings etwas ein. Fragen Sie im Campinghandel oder in einem Armee-Laden.

Holländischer Ofen aus einem Topf mit Deckel

Aber auch mit einem normalen Camping-Kochgeschirr können Sie einen holländischen Ofen imitieren, indem Sie einfach Ihr Backgut in einen Topf geben und diesen mit der Pfanne verschließen. In die Pfanne schaufeln Sie glühende Kohlen und stellen das Ganze auf Steinen auf die Glut Ihres Feuers.

   Achtung! Die dünnen Aluminiumtöpfe vertragen keine allzu große Hitze. Seien Sie mit der Glut sparsam. Teflonbeschichtete Pfannen eignen sich natürlich nicht für diese Prozedur.

Reflektorofen

Ein Reflektorofen ist eine trickreiche Aluminiumkonstruktion, die die Wärmestrahlung des Feuers reflektiert und auf Ihre Hähnchenkeulen umlenkt.

Reflektorofen

Anwendung: Die Backware wird auf das gefettete Blech gelegt. Stellen Sie den Ofen in einer Entfernung von etwa 20 cm vor den Flammen auf. Sie brauchen ein etwas größeres, hell loderndes Feuer, damit die Hitze auch wirklich gleichmäßig in den gesamten Backraum reflektiert werden kann. Die Backzeit entspricht der des heimischen Backofens. Sie können ja auch zuschauen und Ihre Brötchen rechtzeitig vor dem Verbrennen retten.

Praktisch ist ein langes Grillbesteck - zwei passende Stöcke - zum Hantieren.

Nach Gebrauch können Sie den Reflektorofen platzsparend zusammenklappen. Reflektoröfen sind heute nicht mehr sehr gebräuchlich, da nur noch selten unterwegs richtig große Feuer gemacht werden. Nach wie vor sind sie aber einfach zu bedienen und besonders für Gruppen eine vergnügliche Sache. Fragen Sie im Campinghandel.

Die Gargrube

Stellen Sie sich vor, Sie haben einen wirklich großen Fisch gefangen oder konnten in einem kleinen Ort Ihre Reserven auffrischen und haben ein Huhn oder ein großes Stück Fleisch erworben.

Nun sind alle Töpfe und Pfannen zu klein, aber zerlegen wollen Sie Ihre "Beute" auch nicht. Für diese Fälle bietet sich die auf indianischen Ursprung zurückgehende Gargrube an.

Sie heben ein passendes Erdloch aus, bedecken den Boden mit Steinen und entfachen darauf ein ordentliches Feuer.

Ist die Grube gut durchglüht, stecken Sie einen kräftigen Stock in den Boden. Nun bedecken Sie die Glut mit einer Schicht aus frischem Gras. Darauf kommt Ihr Essen. Mit einer weiteren Grasschicht decken Sie das Ganze ab. Nun ziehen Sie den Stock wieder heraus und gießen in das Loch 2-3 Becher Wasser. Abschließend verschließen Sie die Grube wieder mit der ausgeschaufelten Erde, die Sie schön festklopfen.

Jetzt müssen Sie sich in Geduld üben. Ein Fisch braucht etwa eine Stunde, ein Stück Fleisch am Knochen etwa zwei Stunden und ein ganzes Huhn drei Stunden.

Backen auf dem Kocher

Backobst

Zutaten:

> 500 g Trockenobst
> 1 EL Zucker
> 1 gestrichener TL Zimt

Zubereitung: Bedecken Sie das Trockenobst für 1-2 Stunden mit Wasser. Dann kochen Sie das Ganze auf, vermischen Zucker und Zimt miteinander und rühren das Gemisch unter. Etwas ziehen lassen, dass der Zucker sich lösen kann. Schmeckt heiß und kalt, allein oder zu Reis.

Schichtverfahren

Sie benötigen eine Schmorpfanne aus Gusseisen, eine zweite Pfanne oder Auflaufform, die aus Aluminium sein kann, und eine Handvoll Kieselsteine.

Geben Sie in Ihre stabile Pfanne die Kieselsteine. Auf diese stellen Sie Ihre kleine Pfanne mit dem Backgut. Verschließen Sie alles mit einem Deckel, der möglichst gut schließt.

Das Ganze erhitzen Sie auf dem Kocher bei kleiner Hitze. Die Zwischenschicht mit den Steinen verhindert ein Anbrennen.

Die Konstruktion funktioniert natürlich auch in der Glut des Lagerfeuers.

Backen nach dem Schichtverfahren

Achtung! Verwenden Sie keine Pfannen oder Töpfe aus dünnem Aluminium für die unterste Schicht! Es schmilzt sich garantiert ein Loch hinein, weil die Hitze nur über die Steinchen nicht gleichmäßig genug abgegeben werden kann.

Napfkuchen-Ofen

Praktisch und vielseitig ist eine Napfkuchenform, die es in den verschiedensten Größen in allen Haushaltswarenläden zu kaufen gibt. Der Outdoor-Handel bietet alles komplett mit Deckel auch als Campingbackofen an.

Füllen Sie Ihren Kuchen- oder Brotteig (Rezepte ☞ Backen am Lagerfeuer) in die gefettete Napfkuchenform, so dass diese etwa zur Hälfte gefüllt ist (der Teig soll ja noch aufgehen), und verschließen Sie die Form mit einem Deckel. Dieser darf nicht auf dem Mittelloch der Kuchenform aufliegen. Eventuell eignet sich eine Pfanne besser als Deckel.

Stellen Sie nun das Ganze bei kleiner Flamme auf den Kocher. Die Hitze steigt durch das Loch in der Formmitte auf und wird vom Deckel reflektiert. Die Anbrenngefahr ist deshalb gering.

Natürlich können Sie auch Ihr Lagerfeuer als Wärmequelle nutzen. Stellen Sie die Kuchenform mit Deckel einfach auf die Holzkohlenglut, die allerdings nicht mehr zu heiß sein darf (man muss die Hand in ca. 20 cm Höhe ein paar Sekunden drüber halten können).

Napfkuchen

Wollen Sie nach dem Backen nicht warten, bis Ihr Kuchen abgekühlt ist und sich mit leichten Schlägen aus der Form klopfen lässt, können Sie die Form mit kaltem Wasser abschrecken.

✋   Ein wirksamer Windschutz ist hier besonders wichtig. Schon die
kleinste Brise bewirkt eine ungleichmäßige Wärmeverteilung, und Sie müssen
wählen zwischen rohem Kuchenteig in der einen und trocken-braunschwar-
zem Etwas in der anderen Hälfte der Form.

☺   Sollte auf Ihrem Kocher schon das Abendessen brutzeln, Sie aber
gleichzeitig etwas "Süßes" herstellen wollen, empfiehlt sich der Einsatz von
Brennpaste. Stellen Sie eine kleine Dose Brennpaste in das Mittelloch der
Kuchenform. Um eine ausreichende Sauerstoffversorgung der Brennpaste zu
gewährleisten, stellen Sie die Kuchenform auf zwei Stöckchen. Auch den
Deckel legen Sie so auf, dass eine Belüftung möglich ist. Die Brennpaste ist
eine sichere und zuverlässige Feuerquelle auch bei Wind oder in großer
Höhe.

☺   Wir verwenden eine kleine Form aus dem Sortiment "Backen für Kinder". Die Form lässt sich prima im kleinen Topf verstauen.

Dampftopf

Die "Nouvelle cuisine" empfiehlt das schonende Garen von Gemüse im
Dampf. Die Garzeit verkürzt sich, und Vitamine bleiben besser erhalten. Das
gilt natürlich grundsätzlich auch für die Wildnisküche. Ein bedeutender Vorteil liegt aber für uns darin, dass getrocknetes Gemüse, Trockenfrüchte oder
-fleisch im Dampf schneller Wasser aufnehmen als durch das Kochen.

Aus der Napfkuchenform lässt sich ein wunderbarer Dampftopf herstellen, indem Sie die Form mit den getrockneten Früchten einfach in eine Pfanne oder einen Topf mit etwas Wasser stellen und den Deckel auflegen.

Heizen Sie dem Ganzen ordentlich ein, und schon nach ein paar Minuten
werden Ihre getrockneten Früchte gut gewässert sein. Sie müssen lediglich
darauf achten, dass in der Pfanne immer genug Wasser ist.

Listen und Index

Schräge Pfanne

Die folgende Aufstellung ist als Beispiel gedacht und kann sicher nicht unein-
geschränkt übernommen werden. Sie ist Teil einer Liste zur Anlage eines
Lebensmitteldepots von Terra polaris, dem Spezial-Veranstalter für Trekking-
Touren im arktischen Spitzbergen.

Checkliste Lebensmittel und Mengen

Artikel	Personen-Tagesmenge	Personentage	Gesamtmenge
Nudeln	200 g		
... oder Reis	200 g		
... oder Püree	50 g		
Fisch	50 g		
... oder Fleisch	50 g		
Suppenpulver	80 g		
Klare Brühe	20 g		
Eintopf	50 g		
Salz in Plastikflasche			
Gewürze in Plastikflaschen			
- Majoran			
- Thymian			
- Pfeffer			
- Curry			
- Zwiebeln (viel)			
- Kümmel			
- Zimt			
Zucker in Plastikflasche	30 g		

Artikel	Personen-Tages-menge	Personen-tage	Gesamt-menge
Schwarzer Tee, Beutel ggf. in Plastikflasche	3 Btl		
... oder Kaffee instant	6 g		
Früchtetee in Plastikflasche			
Zitronentee instant	40 g		
Milchpulver in Plastikflasche	40 g		
Kakaopulver in Plastikflasche	20 g		
Müsli	125 g / 80 g		
Knäckebrot (wo kein Frischbrot)	6 Scheiben		
Margarine	50 g		
Marmeladen	50 g		
Schokocreme	30 g		
Honig	30 g		
Erdnussbutter	30 g		
Schokolade	1,5 Tafeln		
Nüsse/Studentenfutter	150 g		
Spiritus	0,2 l		
oder Benzin	0,1 l		

Praktische Maße und "Ersatzmittel"

1 EL (Esslöffel)	= 3 TL (Teelöffel)
1 mittelgroße Zwiebel	= 2 EL Röstzwiebeln
1 EL frische Kräuter	= 1/2 EL getrocknete Kräuter
1 Tasse saure Sahne	= 1/3 Tasse Butter, 2/3 Tassen Milch u. 1 EL Essig
1 randvolle Tasse	= 250 ml
1 randvoller Becher	= 500 ml
1 randvolle Tasse Mehl	= 6 gehäufte EL = 125 g
1 randvolle Tasse Zucker	= 200 g

Index

Buchtipp

Claudia Erben

Kochen 2 - für Camper

OutdoorHandbuch Band 99
Basiswissen für draußen
Conrad Stein Verlag
ca. 112 Seiten
ca. 50 farbige Abbildungen
ISBN 978-3-86686-322-4

> Ausrüstung > Vorräte & Packlisten > Nudeln & Co. > Kartoffel-schmaus > Reispfannen und -gerichte > Suppen und Eintöpfe > Gemüsevariationen > Fleisch und Wurst > Backen > Backen in der Pfanne > Salate

Wolfgang Ries

Kochen 3 - für Gruppen und Zeltlager

OutdoorHandbuch Band 129
Basiswissen für draußen
Conrad Stein Verlag
125 Seiten
99 farbige Abbildungen
14 farbige Illustrationen
ISBN 978-3-86686-129-9

>>Magazin "Jungschar Helfer" im April 2007:
"Dieses kompakte Handbuch im A6-Format ist mit seinen etwa 120 Seiten ein feiner Ratgeber. ... "

Buchtipp

Joey Menzel

**Kochen 4
Kulinarisches
aus der Kochkiste**

OutdoorHandbuch Band 214
Basiswissen für draußen
Conrad Stein Verlag
156 Seiten
95 farbige Abbildungen
1 Illustrationen
ISBN 978-3-86686-214-2

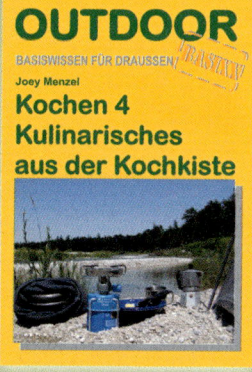

Dieses OutdoorHandbuch informiert über die verschiedenen Möglichkeiten sich unterwegs eine Kochkiste herzustellen (z.B. mit Pulli/Schlafsack) und mit der Konstruktion zu kochen bzw. zu kühlen. Joey Menzel beschreibt über 90 abwechslungsreiche Rezepte für Gemüse-, Fleisch- und Fischgerichte, Eier-, Mehl- und Brotspeisen, Feuer, Grill und Desserts, und liefert Ideen für Tages- und Wochenendtouren, die Sie zu Hause vorbereiten können. Allgemeines zur Küchenausrüstung und die wichtigsten Regeln beim Kochen in der Natur ergänzen das Basiswissen.

Die Autorin nennt die für die Kochkiste bzw. Reiseküche geeigneten Nahrungsmittel mit Hinweisen zur Lagerfähigkeit und Frischemerkmalen. Der kompakte Dolmetscher rund ums Kochen in vier Sprachen erleichtert den Einkauf in fremden Ländern. Ein unverzichtbarer Reisebegleiter für alle, die zu Fuß, mit dem Rad, Zelt oder Boot unterwegs sind.

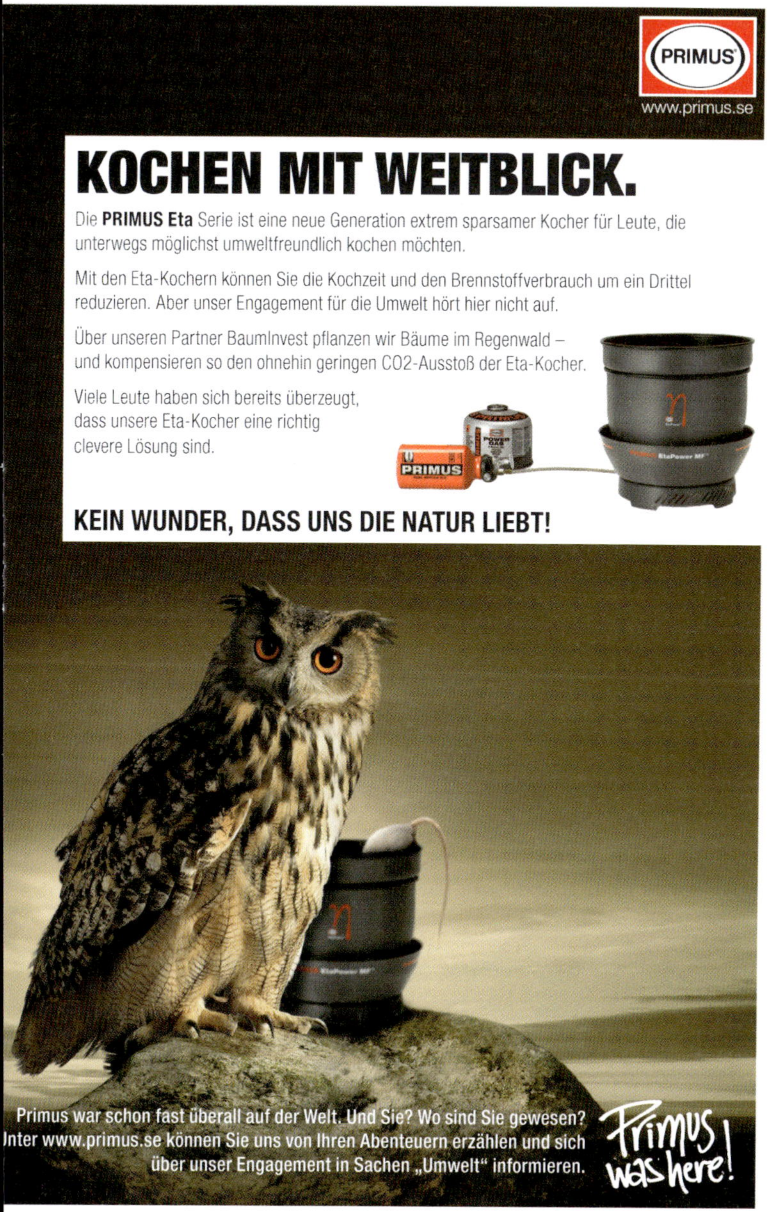

KOCHEN MIT WEITBLICK.

Die **PRIMUS Eta** Serie ist eine neue Generation extrem sparsamer Kocher für Leute, die unterwegs möglichst umweltfreundlich kochen möchten.

Mit den Eta-Kochern können Sie die Kochzeit und den Brennstoffverbrauch um ein Drittel reduzieren. Aber unser Engagement für die Umwelt hört hier nicht auf.

Über unseren Partner BaumInvest pflanzen wir Bäume im Regenwald – und kompensieren so den ohnehin geringen CO_2-Ausstoß der Eta-Kocher.

Viele Leute haben sich bereits überzeugt, dass unsere Eta-Kocher eine richtig clevere Lösung sind.

KEIN WUNDER, DASS UNS DIE NATUR LIEBT!

Primus war schon fast überall auf der Welt. Und Sie? Wo sind Sie gewesen? Unter www.primus.se können Sie uns von Ihren Abenteuern erzählen und sich über unser Engagement in Sachen „Umwelt" informieren.

Primus was here!

Traverse
Fluorcarbon-freie Wildmarks-
Hose aus Lundhags' einzigartigem
65/35 ECO.

Testsieger!

Lundhags bietet eine breite Palette an Hosen: für all jene, die wissen, was man draußen in d
Natur braucht, und höchste Ansprüche an Passform, Bewegungsfreiheit, Strapazierfähigke
Details und Umweltverträglichkeit stellen.

Rüste dich aus mit einer Traverse, unserem Bestseller, der unter anderem mit dem Editor
Choice des Outdoor Magazines ausgezeichnet wurde, oder mit Traverse Pro und Swiss, zw
weiteren anspruchsvollen Hosen für den Ganzjahreseinsatz. Für welches Modell Du Di
auch entscheidest: Es ist die richtige Wahl für alle Aktivitäten.

Bestelle unseren Katalog auf www.lundhags.se

Lundhag